一开口就让人喜欢你

江 丰——著

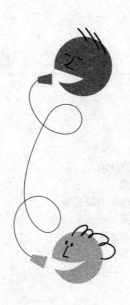

文匯出版社

图书在版编目 (CIP) 数据

一开口就让人喜欢你 / 江丰著 . — 上海 ： 文汇出版社 , 2019.1

ISBN 978-7-5496-2775-2

Ⅰ . ①一… Ⅱ . ①江… Ⅲ . ①心理交往 - 语言艺术 - 通俗读物 Ⅳ . ① C912.11-49

中国版本图书馆 CIP 数据核字 (2019) 第 006239 号

一开口就让人喜欢你

著　者 /	江 丰
责任编辑 /	戴 铮
装帧设计 /	末末设计室

出版发行 文匯出版社

　　　　上海市威海路 755 号

　　　　（邮政编码：200041）

经　销 /	全国新华书店
印　制 /	三河市龙林印务有限公司
版　次 /	2019 年 2 月第 1 版
印　次 /	2024 年 1 月第 2 次印刷
开　本 /	880×1230　1/32
字　数 /	152 千字
印　张 /	7
书　号 /	ISBN 978-7-5496-2775-2
定　价 /	42.00 元

一开口就让他人喜欢的人，才能有开挂的人生

　　现代社会几乎是一个天天都需要与人打交道的社会，不管从事什么职业，你都需要与他人沟通。

　　什么是沟通呢？沟通就是人们分享信息、思想和情感的过程。简单地说，你和他人进行工作或者生活上的交流过程就是沟通。

　　但是，你千万不要误认为沟通仅仅是简单的说话聊天而已。

　　沟通是一门艺术，它不仅包括语言上的沟通，也包括肢体动作等其他方面的沟通。当然，每个人不是天生就擅长沟通，这需要你花大量的时间去学习、实践，这样才能成为沟通达人。

　　有效的沟通，能够让交流的双方心情愉快；无效的沟通则会让交流的双方感到烦躁，两个人交流了半天，不但没有表达清楚各自的想法，甚至越交流越不开心，最后只能草草收场。比如，你跟客户聊了半天，客户没有听懂你在说什么，你也没有听懂客户在说什么，你们就会陷入一种彼此不理解的恶性循环状态，双方都觉得跟对方难以沟通，矛盾、分歧也越来越多，

最后只好放弃沟通。

在生活中，类似的事例不胜枚举。其实，不管跟谁沟通，目的都是希望能与对方进行一次愉快的交流。这时候，"如何说，对方才肯听；如何听，对方才肯说"就非常重要——只有掌握了沟通策略和方法，才能达到彼此都满意的沟通效果。

换句话说，交流双方都达到统一意见的沟通，才是最理想的沟通。要做到这一点，你就必须懂得相关的沟通知识。比如，如何培养有效的沟通习惯，如何避免无效的沟通方式，我们都存在哪些沟通误区等。如果你不知道这些沟通知识，那么，你在沟通中屡屡失败就怪不得别人了。

要知道，生活中那些会说话、会做事的人都懂得有效沟通的方式，这也是为什么他们与任何人交流都很轻松，甚至做什么事都非常顺利的原因。

而不懂得沟通的人只会抱怨："为什么我总是不知道如何与他人有效沟通？为什么我总是存在交流障碍？为什么我看不到成功的希望？"

别担心，沟通是可以慢慢学会的，当你掌握沟通的技巧后，那些烦恼将不会再困扰你。

本书通过真实生动的案例和解析，能让你掌握沟通的精髓，并成为一个跟谁都能聊得来的人！

一开口就让他人喜欢的人，才能有开挂的人生！

目 录
Contents

第三章　如何说，对方才肯听；如何听，对方才肯说

第四章　让你跟谁都能聊得来

第五章　生活处处给你下套，会说话才能脱身

第六章　会沟通的人，运气都不会差

第一章

情商高，就是说话让人感觉舒服

　　在生活中，有不少人不能清楚表达自己的意思，结果让对方一头雾水。我们不难发现，会表达的人往往能给别人留下好印象，而第一印象在人际交往中起着非常重要的作用，它决定了对方是否愿意继续与你交谈。

做一个善解人意又不失立场的人

在与人交流时，我们只有让对方明白自己说的是什么意思，才有可能顺利地进行交流。有效的沟通能让双方觉得交谈愉快，愿意继续交流下去；无效的沟通则会让双方都觉得自己是在对牛弹琴，不愿意继续交流下去。

言简意赅地说，沟通就是双方表达自己的观点，通过讨论最后得出统一结论的过程。然而，沟通不代表你在交流时要说很多的话，你只要简洁明了地阐述自己的观点，并让对方听明白就行了。

"话不在多而在精"，说的就是这个道理。不过，这只是基本沟通，它与有效沟通还有很大的区别。那什么才是有效沟通呢？

我们先来看一个案例。

前段时间，公司领导安排前台的张莹负责接待跟公司合作的团队，于是，张莹就去公司附近的川味酒店订了一桌饭菜给他们接风。去酒店之前，领导问张莹是否已经安排好了，她回答说一切都已经安排妥当。结果到酒店后，张莹才发现参加宴席的一共有15个人，而她订的包房有点小，大家明显坐不下，领导只好让服务员重新换一间大点的包房。

更尴尬的是，吃饭的时候，公司的同事都吃得津津有味，可合作团队的成员却只是象征性地吃了几口。原来，这个团队的成员都是北方人，他们不喜欢吃川菜。领导看出来后，立即叫来服务员重新点菜，这才解决了问题。

送走合作团队后，领导问张莹是怎么办事的，竟然连这么点小事都办不好。

张莹委屈地说，她没想到有那么多人，只听领导说晚上要招待十多个人吃饭，她就直接订了饭菜，完全忽略了客人的口味和参加宴席的具体人数。领导听后，叹气说她不会沟通，以后办事还得多动脑筋。

张莹就是因为没有跟领导沟通好，才造成了尴尬的局面。

如果想在生活中办事顺利、在职场中如鱼得水，我们就要学会与人沟通。

有效沟通有三个原则，即"维护自尊，加强自信""将自己的理解传达给对方""相互信任才能实现双赢"。简单来说，有效沟通三原则就是：信任、理解和双赢。它意味着沟通必须建立在信任的基础上，双方通过交流达到相互理解并相互产生作用的

效果。

说到底，沟通就是让对方理解自己的想法并按照自己的想法采取行动，或者是理解对方的想法，完成对方的愿望，达到彼此都满意的效果。

在现实生活中，很多人的沟通效果都不理想，时常发生一方说得太多，而另一方完全不理解的情况，例如下面故事中的老梁。

老梁爱看书，平时说话都文绉绉的，满口之乎者也。身边的人每次看到他都躲得远远的，觉得跟他沟通有障碍，说他就像从古代穿越到现代的酸秀才。

一天傍晚，老梁和妻子坐在沙发上看电视。突然，老梁用手捂住了肚子，妻子紧张地问他怎么了。老梁呼出一口气，缓缓地说："吾无妨，只是肚子偶感肿胀难耐，隐隐作痛，娘子还请将夫送医就诊为好。"

妻子没听明白老梁在说什么，关切地问："你到底怎么了，哪里不舒服呀？"

"夫无事，然则看医为妥也。"老梁皱着眉头说。

这时，妻子生气了，不满地说道："你说话能不能正常点，别再磨磨叽叽的了！"

老梁眨了眨眼睛，马上解释说："我肚子疼，你赶紧打车送我去医院吧。"

妻子终于听懂了老梁的话，打车把他送到了医院。到医院检查完后，医生说幸好发现及时，病人只需要输液静养很快就能恢复健康。如果再晚来一会儿，就可能转变成阑尾炎，那就需要做手术了。

你看，本来是很简单的一句话，老梁非得文绉绉地讲出来，结果导致妻子不能及时理解，险些耽误了病情。

每个人都希望周围的人能喜欢自己，自己说的话能被别人理解，要想达到这个目的，我们就要选择有效的沟通方式。你要明白，沟通不是故作高深地说废话，而是为了尽快解决问题，这样才能被称为有效沟通。

那么，如何才能实现有效沟通呢？可以从以下几方面着手。

一、用他人能听懂的方式交流

因为受文化、年龄等因素的影响，人们对他人的话的理解程度也不一样。因此，在与他人沟通的时候，一定要学会因人而异，选择对方能听懂的方式去交流。例如，跟小孩子交流时不能给他讲抽象的概念，而要通过讲故事让他明白你说的是什么意思。

二、学会与他人互动

沟通最重要的一点，是确保他人能听懂自己说的话。所以，在与他人沟通时，我们不能只图自己畅快，一个人像演说家似的滔滔不绝，而是要时不时地停下来问问对方听没听懂。如果对方

听懂了就要停止讲述，如果没有听懂再继续讲解。

三、学会及时沟通

与他人沟通的时候，如果你没有完全理解对方所说的内容，一定要立即把自己没听懂的地方指出来，让对方及时解答，这样才能避免误会的发生。

会说话是一门艺术，它包含的知识还有很多，如果你想成为沟通高手，就要做一个有心人，在实际生活中勤加练习，多花心思向身边优秀的人学习。

▶ 用礼貌的称呼打开沟通之门

在人际交往中，用对称呼不仅是对他人的尊重，也是与他人交流的第一步。正确的称呼能让对方对你心生好感，错误的称呼则会引发对方的误会，甚至会给对方留下不良印象。

可以说，得体的称呼能迅速拉近人与人之间的距离，打开沟通之门。

周末，陈云和娜娜准备去云记私家小厨尝个鲜，这是网上推荐得分很高的美食店。由于云记私家小厨坐落在胡同里，她们按照门牌号找了很久都没有找到这家店的具体位置。没办法，陈云只好向路人求助。

她走到一位女士面前，想都没想就脱口而出："阿姨，你知道云记私家小厨怎么走吗？"

女士停下脚步，瞪了陈云一眼，随后没好气地说："叫谁阿姨呢！我才三十多岁！"说完，便扬长而去，留下陈云站在原地发呆。

娜娜安慰陈云别往心里去，这时，一位中年妇女从她们身边经过，娜娜笑着对她说："姐姐你好，请问你知道云记私家小厨怎么走吗？听说这家美食店在附近的胡同里，我是第一次走这种胡同，有点迷糊，如果你知道，可以告诉我吗？"

中年妇女一脸的和善，耐心地听完娜娜说的地址，马上指出了方向。由于她的帮助，陈云和娜娜才顺利找到那家店。

每个人都希望得到他人的尊重，而在与陌生人沟通的时候，礼貌的称呼就是对他们最好的尊重。

当你跟陌生人沟通时，不管你要说什么话，对方都没有义务倾听，所以，如果你打招呼的方式不对，让对方觉得你不尊重他，那你只能吃闭门羹。就像故事中的陈云，因为没有用对称呼而导致问路失败。

在生活中，得体的称呼不仅表达了你对对方的尊重，还展示出你的教养，从而让对方愿意继续与你交谈。反之，对方则不愿意再与你交谈。

前不久，孔峰经人介绍认识了一个女孩。一段时间后，两个人就正式交往了。

情人节前夕，女朋友给孔峰打电话，说情人节快到了，希望他能有所表示。孔峰听后，一头雾水，反问女朋友："要表示什么，日子不是天天这样过吗？"

原本女朋友是暗示孔峰要送她礼物，见孔峰如此不开窍，自己又不好明说，于是她生气地朝孔峰大吼了一句："被你气死了，你真是个二百五。"

女朋友说的最后一句话刚好被旁边的小张听见了，见孔峰挂断电话，小张就笑嘻嘻地对孔峰说："二百五，你好啊！"

跟女朋友吵架后，孔峰本来就心情不好，而小张这么一闹，他更加郁闷了，马上拉下脸来，就像对方欠他钱不还似的。从那以后，不管小张跟孔峰说什么，孔峰都没给过他好脸色，后来甚至变成了"最熟悉的陌生人"。

很多人都会给朋友取外号，觉得这样的称呼显得更亲切。但是，没经过对方同意就随便起外号，就是对他人的不尊重，何况"二百五"还带有侮辱他人的意思。小张因为称呼不当，最后与孔峰形同陌路。

得体的称呼就像一块敲门砖，只有用对了，别人才愿意打开沟通之门。

周杨到单位上班的第一天，看到办公室有个年纪较大的老师傅坐在椅子上看书，整个办公室的人一整天都对他表现得很冷漠，没有人跟他打招呼。

周杨觉得奇怪，私底下就问同事："那老师傅是谁？"

同事回答："他呀，就是一个怪老头，性格古怪，整天闷头看书。你不用理他，他已经退休了，过两天就会走。"

第二天，周杨在办公室又碰到了老师傅，他正在收拾办公桌上的资料。周杨从墙上张帖的办公室人员简介上得知老师傅姓王，于是，他走过去礼貌地说："王师傅，您好。我是新来的工作人员，我叫周杨，您有什么需要帮忙的吗？"

老师傅听到周杨的话后，回过头笑着说："不需要帮忙，谢谢你！"

周杨吃完午饭回来，刚坐到办公桌前，王师傅放下手里的资料，亲切地跟他交谈起来。在得知周杨喜欢文学，平时也爱看书后，王师傅说自己是市作协会员，出版过几本书。

接着，两个人就文学方面的话题展开了交流，王师傅把自己多年以来的写作经验毫无保留地分享给了周杨。

这让周杨受益匪浅，同时也让他更加明白，人不可貌相，任

何人都值得他礼貌相待。

每个人都渴望得到对方的尊重，因此，我们要学会按照年龄、身份、职位等，有礼貌地称呼对方，以免令对方不开心。

那么，我们怎么才能做到礼貌地称呼别人呢？

一、按对方年龄的大小称呼

一般来说，男士不会计较自己的年龄，所以在遇到男士时，我们可以根据年龄的大小来称呼。比如，大哥、叔叔、大爷。

不过，女士大多都很在乎自己的年龄，如果称呼得老了，对方心里会不悦。因此，在不知道对方的年龄、只看外表的情况下称呼女士时，可以叫姐姐或者妹妹。只有确定对方的年龄、辈分比你大时，才能按照辈分称呼。

二、按对方的职业称呼

在工作中，同事之间通常都是按照职业来称呼对方的，想要显得更加亲切，可以在称呼前加上他们的姓氏。例如，张老师、李大夫、王律师。其他如工人、司机、维修工等人，可以称呼他们为某某师傅。

三、按对方的身份、地位称呼

在职场中，对领导的称呼很重要。下属通常不能直接叫出领导的名字，这时，按领导在单位的职位来称呼最为稳妥。比如，张主管、李经理、陈总监，这样称呼就不会显得冒昧了。

四、按场合称呼

中国是一个人情社会，在公众场合称呼他人要特别注意，不能随意。比如，在正式的商务会谈场合，即使对方是你的朋友，也不能直接叫他的小名——如果他恰巧是你的上司，就要像其他员工一样称呼他。

五、万能称呼

在不知道该怎样称呼别人、但又必须跟对方说话时，可以使用万能称呼，比如"您好""亲"等，再加上礼貌用语"打扰一下""谢谢"，这样做别人会觉得你很有礼貌，对你也会有好印象。

要想在沟通之前就给对方留下好印象，就一定要了解称呼里的门道。当你学会如何亲切友好地称呼别人时，你会发现别人会对你投来欣赏的目光，并愿意与你展开交流。

➤ 一开口就让别人喜欢你

你是否遇到过这种情况：在与他人沟通的过程中，如果用词得当，对方一听就能明白你在说什么，并对你投来欣赏的目光，

愿意与你深入交流下去。可是，如果你没有表达清楚自己的意思，通常话还没说完，对方就已经转身离开了。

在生活中，不少人不能表达清楚自己的意思，结果让对方一头雾水。我们不难发现，会表达的人通常能给别人留下好印象，而第一印象在人际交往中起着非常重要的作用，它决定了对方是否愿意继续与你交谈。

某知名作家举行新书发布会，现场来了很多嘉宾和记者。到了采访的环节，有一名记者问："听说您没出名前出版了好几本书，还跑到母校做宣传、低价售卖？"

作家尴尬地笑了笑，回答说："每个人都会经历一段难熬的岁月，才能看到梦想照进现实。"

记者继续追问："那您写作的目的是什么？现在您觉得梦想照进现实了吗？"

作家面色不大好看，以"听不懂你在说什么"为由，结束了跟记者的对话。

可能这名记者想表达什么，连他自己都不清楚。他一开始的提问就带有攻击性，随后又问了一些让人难以回答的问题，换作任何人都会觉得与他交流是一种折磨。

会说话是一门艺术，你说什么、怎么说，通常能影响社交的效果。因此，在开口之前要做好充足的准备，这样和对方的谈话才能愉快地进行，并实现你想要的沟通效果。

下班后，小雅和同事小兰去楼下的咖啡厅喝咖啡，顺便聊一下两个人负责的一项策划书。服务员走到她们面前，询问她们需要点什么。

小雅问服务员："你们店里哪款咖啡好喝呢？"

服务员拿出菜单，回答道："我们店里的咖啡种类很多，比如拿铁、维也纳、卡布奇诺、夏威夷咖啡等，请问美女偏向于喝什么口味的咖啡呢？"

小雅想了想，说："我对咖啡的种类不太了解，但是我喜欢口感较强、风味特殊的咖啡。"

"根据您的描述，我推荐您尝试一下夏威夷咖啡，您觉得可以吗？"

小雅点了点头。接着，服务员又问小兰要喝什么。小兰很少去咖啡店，就说："要不你也帮我推荐一下吧。"

服务员介绍说："我们店有一款白咖啡，它味道纯正，甘醇芳香，比普通咖啡要清淡柔和，许多顾客都很喜欢喝，您要不要点这款呢？"

小兰满意地回答："好的，就是它了。"

过了一会儿，服务员端来咖啡，又询问她们还有什么需要，小雅笑着说："不用了，谢谢你的推荐，我们觉得咖啡很好喝。"

在招待顾客时，这名服务员准确地表达了自己的意思，为顾客推荐了咖啡，做好了本职工作，得到了顾客的好评。

与人沟通，最重要的就是让对方能够理解你的意思，并接纳你的观点。

那么，如何做一个会表达的人呢？

一、摒弃繁冗的修饰词

与人沟通要简明扼要，如果你使用过多的修饰词，会让对方觉得你言不由衷，甚至对你产生厌烦心理。比如，你夸赞对方漂亮，可以说"你笑起来真好看，就像冬日里的暖阳"，对方听后，心里会美滋滋的。

但是，如果你说"你的微笑像冬日里的暖阳，眼睛像弯弯的月亮，皮肤白皙，吹弹可破"，对方就会觉得你是刻意恭维，疑心者还会在心里嘀咕："你说话太夸张了，不是个真诚的人。"

二、说情理兼容的话

感人心者，莫先乎情。因此，要学会表达自己的感情。

表达感情不等同于说漂亮话，当对方帮助你时，你要真诚地表示感谢；当对方误解你时，要告诉对方自己的真实想法，尽可能消除误会；与他人意见相左时，要以情动人，以理服人，这样对方才会觉得你说得合情合理。

三、听重点，说重点

相信，你在公司肯定听到上司说过这样的话："这个问题，我说过多少回了，你怎么就是听不懂呢？"

想做上司的得力助手，就要学会听重点、说重点。例如：老板对员工甲说："这个设计师的风格不太符合咱们的产品，你再去跟她谈谈。"

于是，甲对设计师说："我们需要趣味性特别强的广告，请你再重新设计几个方案。"

设计师不满地说："已经改了三次了，还改？再这样下去，你们公司还是另请高明吧。"

甲一时不知道该怎么办，就给老板汇报说自己跟设计师难以沟通。老板对这个结果很不满意，开始质疑甲的工作能力。

反观员工乙，当他听到老板这么说时，捕捉到了一个重要信息——重点不是"跟设计师谈谈"，而是更换设计风格。于是，乙马上联系了另一名设计师，并委婉地告诉原设计师，下次有机会再合作。最后，乙的做法得到了老板的认可。

有效的沟通是成功的一半。做一个会表达的人，能让更多的人喜欢你、支持你！

▶ 用"戏剧感"创造幽默

有的人说话平淡无奇，有的人说话却句句精彩，让人听了捧腹大笑。沟通高手都能够玩转幽默，为沟通增添魅力，让人佩服他们的表达能力。

美国心理学家赫布·特鲁说："幽默能润滑人际关系，消除紧张，减轻人生压力，使生活更有乐趣。"幽默不但能活跃氛围，起到为自己解围的作用，还能让人忘记烦恼。

假期里，小璐一个人去大理旅游，在火车上偶遇了一个男生，并对他一见钟情。

敢爱敢恨的小璐决定主动出击，向男生表达爱意。于是，她走到男生面前，对他说："帅哥你好，我刚才在手机上看到一段话，想读给你听，然后你再复述我说的最后两个字，好吗？"

男生笑着点了点头。小璐接着深情地说："亲，你的眼神掠去了我的灵魂，来我的怀里或者让我住进你的心里，默然相爱，寂静欢喜，可不可以？"

这时，男生明白了小璐的心意，他想了想，回答道："对不起，你读错对象了。你应该把这段话读给你的男朋友听，而不是我这个萍水相逢的陌生人。"

小璐知道自己心中的希望落空了，释然地笑了笑，转身离开。

上文中的男生就是一个懂得幽默的人，如果他直接拒绝小璐，这会伤害到她的自尊心，而"对不起，你读错对象了"这句话不仅照顾了小璐的情绪，也表明了他的态度——他并不喜欢小璐。

幽默是生活中的调味品，它能帮你摆脱尴尬的处境，委婉地表达你的想法，是你与他人友好交往的"神器"。

小苏性格内向，刚到单位上班时，看到午休时同事们聚在一起说说笑笑，下班后也相约一起逛街，她很是羡慕。

小苏也想加入她们，但她始终找不到与大家聊天的话题，所以到单位都 3 个月了，她还是独来独往，身边没有一个朋友。

同事们都以为小苏是个不好接触的人，其实她只是不善于主动跟别人交流。

直到有一次跟表姐聊天，表姐告诉小苏，大家都喜欢与幽默的人相处，要想让对方喜欢你，你要幽默地跟他说话。

受到表姐的启发，小苏渐渐有了主意。有一天中午，同事们又聚在一起聊天，小苏鼓起勇气走到她们中间。一个女同事看她

肚子有点大，便打趣说："怎么，你有喜了？"一边说着，一边伸手摸了摸她的肚子。

小苏着急地回答道："别摸我肚子，小心动了胎气。"紧接着，她忍不住仰头哈哈大笑起来。

同事们这才知道，原来小苏根本没有怀孕，她只是在拿自己开玩笑。小苏笑声爽朗，同事们发现她也是个活泼开朗的姑娘，从此，大家逐渐跟她接触多了起来，最后发展成了无话不谈的朋友。

幽默是一种有趣且富有感染力的"传递艺术"。与人沟通时，善用幽默能博得别人更多的关注，为生活、工作赢得更多的机会。

那么，幽默沟通有什么技巧吗？

一、学会使用多种修辞手法

幽默的话大多运用了比喻、夸张、对比等修辞手法。在与他人交谈的过程中，你可以用幽默来表达自己的观点。比如谈到生老病死的话题时，你可以开玩笑地说："谈死太早，谈爱太晚。"这样，别人会觉得你是一个有意思的人。

二、培养洞察力

要学会透过现象看本质。在与他人交流时，不能只关注表象，还要关注对方的神态、肢体语言，注意到他真正在乎什么，想要表达什么。这样，你的幽默才能发挥作用。

三、搭配一定的肢体语言

如果语言表达未能达到良好的沟通效果，还可以配合肢体语言。比如，你对某件事很好奇，可以配合夸张的动作，如此能让别人更好地理解你的意思。

当然，肢体语言一定要符合谈话内容，否则只会画蛇添足，让人笑话。

幽默技巧不是一时半会就能学会的，它需要长期的积累，需要多看、多听、多学，不断地通过与他人沟通去实践，才能灵活运用。

当你学会幽默沟通时，大家也会更乐意与你交往。

▶ 怎么让负能量爆表的朋友振奋起来

要知道，在人际交往中，鼓励的话起着不可低估的作用。无论对方的情绪是低落还是愉悦，鼓励的话都能温暖一个人的心灵。例如，它能让失落的人重新振作，让自卑的人恢复自信，让平凡的人变得优秀。

心理学家梅奥曾做过一个实验，他邀请了霍桑工厂的 6 名女

工当志愿者，并让厂长对她们说一些鼓励的话，比如："你们的
表现很棒！""希望你们能再接再厉。"

经过这次谈话，这6名女工的工作效率明显提高了。调查后
发现，她们之所以积极工作，是因为她们认为自己受到了厂长的
特别关注，那些鼓励的话给予了她们巨大的能量。

这就是心理学中的霍桑效应。

是的，有时候你不经意说的一句鼓励的话，能给对方带来莫
大的温暖。

蒋雯是一家服装店的导购，上班两个月了还没有卖出一件衣
服。她有些灰心，打算辞去这份工作。经理了解她的辞职原因
后，鼓励她说："小雯，你只是太胆小，不敢跟顾客交谈，只要
你勇敢一点，一定会做出业绩的。"

听了经理的建议，蒋雯试着大胆地去跟顾客交谈，果真有了
业绩！这让她渐渐自信起来，销售能力也有所提高。后来，她成
了服装店的金牌导购。

新来的导购小花问蒋雯是怎么从菜鸟变成金牌导购的，蒋
雯说："是因为当初经理的鼓励才让我有了信心，有了现在的
成绩。"

无论何时，只要说出鼓励的话，都能快速拉近与他人之间的
关系。例如，心理咨询师在与来访者交流时，为了获得更多的信

息，他们通常会鼓励来访者倾诉自己的心事。

同样，在跟朋友聊天时，假如对方对某个话题有所顾忌，你可以鼓励他先说出对这个话题的看法。假如对方遇到挫折，你可以鼓励他说："我相信，你一定能处理好这件事。"

在鼓励他人时，要注意方式方法，这样才能有效果。

一、不要夸耀自己的优点

鼓励对方是为了帮助他们，而不是为了夸耀自己。如果你一边鼓励对方，一边说自己如何优秀，只会引起对方的反感。因此，在给对方建议时，可以这么说："许多人都说这样做有效果，你也可以试试。"

二、诚恳地指出对方存在的问题

当别人征求你的意见时，你要理性分析他们的遭遇。比如，对方的顾虑是什么、怎么做才能解决问题等。

还有，你要让对方意识到自己的问题，再有针对性地鼓励他。例如："你只是一时疏忽，下次多检查一遍就好了，你要相信自己！"切记，不能盲目鼓励对方，因为那样做只会让他们觉得你是在敷衍。

三、说出鼓励的缘由

当员工在工作中取得进步时，他们最希望得到领导的肯定和鼓励。因此，有的领导就这样说："你做得很棒，我看好你，继

续加油。"

但是，这样的鼓励会让员工觉得有些虚假，因为他们不知道自己到底哪里做得好。所以，在鼓励员工时，你可以这样说："这个方案你考虑得很全面，值得鼓励。"

四、让对方感受到你的真诚

在鼓励他人时，你可以看着对方的眼睛，告诉他："你很棒，你一定会成功的。"记住，你不能东张西望、摇头晃脑，否则会让他们觉得你在应付他。

总之，鼓励是我们在与他人交往中需要掌握的沟通技巧之一，不要吝啬你的鼓励，它会带给你意外的收获。

学会提问，跟任何人不尬聊

沟通高手就是说话让人觉得舒服，而沟通菜鸟则正好相反，他们总是提出一些"傻瓜问题"，让大家心生厌烦。

学校放暑假了，祁东在火车站遇上了同学姚卓。姚卓看了一眼他的火车票，发现他们俩的座位刚好在同一节车厢，两人就结伴而行。找到座位后，姚卓就问祁东："你家住在北京，坐飞机不是更方便、更快吗？怎么还坐火车呀？"

祁东没有回答姚卓的问题，心里却对他已经有了意见："会不会说话呀，坐火车肯定是因为火车票便宜啊，你怎么不去坐飞机呢？"当然，这句话他并没有说出来。

到了中午，祁东在火车上买了一盒饭，但他刚拿起筷子，旁边的姚卓就说："你怎么在火车上买盒饭呀，难道你不知道火车上的盒饭既难吃又贵吗？"

祁东终于忍不住了，没好气地说："我买盒饭肯定是因为我饿了，你是不是脑子进水了？总是问一些无聊的问题！"

直到这时，姚卓还不知道自己得罪了祁东呢！

在现实生活中，很多人都听到过"傻瓜问题"，有时候对方问的问题，他自己就能给出答案，不禁让人感叹：既然你都知道，还问我干什么？故事中的姚卓就是这样，前后两次他都在问没有意义的问题，也难怪祁东会不高兴。

可见，在与他人交流时，学会提问是一件多么重要的事情。不懂沟通，通常与不会提问有关系。那些提出"傻瓜问题"的人，大多都是为了说话而说话，而那种不经大脑的话只会让人反感。

如果你想成为一个会提问的人，在提问前要先问自己几个问题：我提的问题有没有"营养"？对方有没有必要回答？我想要什么样的沟通效果？

丁梅是一个沟通高手，大家都喜欢跟她聊天。

有一回老公喝醉了酒，回到家，躺在沙发上就开始胡言乱语起来。丁梅猜想，老公肯定是在单位受了委屈，于是就去卫生间端来一盆热水，一边帮他洗脸，一边说："老公，遇到不开心的事了吧？以后还是得少喝酒，伤身体呢！"

老公听了她的话，开始倾诉自己的苦闷："公司副总经理的职位本来非我莫属，可没想到领导的一个亲戚刚好从国外留学回来，结果职位就给了他。我在公司工作了这么多年，一个毫无经验的海归就能轻松顶替了我，一想起来我心里就憋屈。"

丁梅这才明白老公喝醉酒的原因，但她没有责怪老公，而是亲切地安慰道："你这么优秀，以后还有机会的，我相信以后你一定会有更好的前途。先洗脸睡觉吧，烦心的事就别想了，明天醒来又是新的一天。"

听了丁梅的话，老公重重地点了点头，感激地将她搂在怀里，说还是老婆理解他。

如果这件事发生在脾气不好的女人身上，可能一开始她就会质问老公为什么要喝那么多酒，然后夫妻俩大吵一架，夫妻关系肯定会破裂。

丁梅的做法很棒，她没有过多询问老公为什么要喝醉酒，而是引导他说出了心里话，最后还安慰了他一番，这也增进了他们夫妻之间的感情。

在与他人沟通时，我们该如何提问呢？

一、不要总是打断对方

既然是提问，就要保持谦虚的态度。如果对方在说话，你总是打断他，那么对方就会觉得你不是在提问，而是在跟他炫耀你所掌握的知识。对方会觉得你不尊重他，自然就不愿意继续与你交流了。

比如，你请教别人怎么写作，当对方正在告诉你时，你却不停地打断他，抢着说："我知道了，就是要多看书、多练笔，是吧？"

对方摇摇头，纠正你不明白的地方，你没有听完又抢着说："要先读自己感兴趣的书，从自己擅长的文体开始练笔，对吗？"

这样多次插话后，对方难免会生气，直接回你一句："既然你什么都知道了，还问我做什么？"

二、搜索信息法

与别人沟通的时候，为了掌握更多的信息，要学会搜索信息法，从对方给你提供的信息下手，然后再提出相关问题。

你可以通过谈话者的行为、表情等，分析、判断对方的基本信息，然后再根据自己的需求提问。

搜索信息法在销售中特别常见，假设你是一名销售员，看到顾客正在挑选鞋子，这时你就要学会通过性别、年龄等来判断顾

客的需求。

如果顾客是一名中年女性，她挑中的却是一双男士皮鞋，你就不能傻傻地问对方："你穿还是别人穿？"而是应该问对方："您是给先生买的吗？请问您先生平常穿的鞋子尺码是多少？"

沟通其实很简单，无非就是你说的话对方能听明白，对方说的话你也能听明白，这样才能达到一开口就让人喜欢的程度。

在谈话过程中，会提问是个能吸引别人跟你说话的技巧。如果你提的问题高明，对方就会觉得你是一个聪明人，愿意与你继续聊下去。相反，如果你提的问题幼稚可笑，那么你在对方眼里的形象就会大打折扣。

如果想成为一个沟通达人，从现在起就要加强学习，与他人交流时要注意倾听、多动脑筋思考，不去提"傻瓜问题"。

▶ 把话说到对方心里去

不管是在职场中还是在生活中，你都需要会说话，这样对方才会喜欢你，愿意与你交流。但是，怎么才能把话说到对方心里去呢？

很多时候，你觉得自己说话条理清晰，可不管你说了多少遍，自己都觉得累了，结果对方一个字也没有听进去，你百思不得其解。其实，这是因为你只顾自己的感受，却没有把话说到对方心里去。

下面就给大家介绍一种有效的沟通技巧：以理服人。

谢雨是个典型的拖延症患者，每天早上闹钟响了十几遍，她还赖在床上起不来，结果经常上班迟到。

这天下午，经理把谢雨叫到办公室，对她说："拖延症是我们每个职场人都必须要克服的，只要严格要求自己，养成早睡早起的习惯，你就能改掉上班迟到的毛病。"

谢雨本以为经理会狠狠地批评她，没想到经理却跟她讲道理。她很感激经理，并下定决心改掉拖延症。后来，她用实际行动证明了这一点——上班再也没有迟到过。

众所周知，有道理的话通常比那些好听的话更值得人们思考。这提醒我们，要想把话说到对方心里去，就要跟对方讲道理，让对方从内心对你产生佩服。

不过，人们往往会因为自己的个性、经历及文化素养等方面的不同，而对不同的话有着不同的反应。比如，你苦口婆心地跟对方讲道理，对方非但不领情，还说你是站着说话不腰疼。

之所以会出现这样的情况，多半是因为你没有站在对方的立场考虑问题。

前段时间，鲁可的奶茶店因经营不善倒闭了。她向好友小薇倾诉，小薇劝道："唉，事情都已经这样了，你还是赶快振作起来吧！"

鲁可闷闷不乐地说："敢情赔钱的人不是你，说得那么轻松。"

小薇顿时哑口无言，她原本是想安慰鲁可，没想到反而让她更加不开心了。

可见，在与他人沟通时要站在对方的立场考虑问题，因为即使你是为对方好，话说不到点子上，对方也不会领情。

想要以理服人，请参照以下几个说话技巧。

一、用准确的事实做铺垫

人们常说："事实胜于雄辩。"事实是沟通的基础，不管你说什么，最重要的是，你说的话要符合现实。比如，大家都知道太阳是东升西落的，可你偏偏说太阳是西升东落的，那即使你说得再多别人也不会信服，还觉得你谎话连篇，从而打消与你交流的念头。

二、有选择性地说理

讲道理不是越多越好，而是要抓住重点，否则对方就会觉得你的逻辑思维不清晰，说话没有头绪，对你产生不好的印象。

三、学会精简语言

话不在多而在精，话说得越简短精妙，越能够吸引别人的注意。所以，在说话之前，一定要想清楚自己是否有更好的表达方式。要记住，如果一句话就能把事情讲清楚，就不要太啰唆——你讲得太多，别人只会厌烦。

四、不偏离说话的目的

与他人交流时，不管大家谈了多少话题，你都要把握住说话的中心，不能被别人的思维牵着走，到最后自己都忘了自己说过什么。只有时刻记住交流的主题，你才能说出让对方信服的话。

亲爱的朋友，如果你觉得自己说话有问题，可以尝试以理服人的沟通技巧，那样你会惊喜地发现，原来沟通这么简单，再难沟通的人都愿意听你说话。

第二章

会聊天不靠信息，靠分寸

　　要记住，在与他人沟通的过程中，听懂对方的问题才能做出正确回答，这样别人也才愿意继续与你交流。当别人愿意敞开心扉地与你聊天时，你就成了社交达人。

▶ 不要站在他人的对立面，而要站在他人旁边

在沟通过程中，如果你说的话不能打动对方，滔滔不绝只会让人厌烦，即使你说得再多也枉然。因此，你必须站在对方的角度去说话。

下班后，董沁和闺密去一家自助餐厅吃饭。就餐过程中，她们突然听到服务员和邻桌的女士争执着什么。原来，服务员在收拾餐桌时，不小心弄脏了女士的衣服，女士很生气，说自己的衣服是昨天新买的，花了2000元，并坚定地要求服务员原价赔偿。

服务员委屈得哭了，说自己不是故意的，她愿意出干洗费，希望女士能原谅她。

周围看热闹的人很多，董沁走过去对那位女士说："服务员不是故意弄脏你衣服的，况且你的衣服只是沾了一点菜汤并没有破损，为什么要让她原价赔偿呢？再说，她已经向你道歉了，还愿意支付干洗费用，我看你也是一个讲道理的人，这件事要不就这么算了吧？"

女士见董沁站出来劝说，脸马上红了，一句话也说不出来。

看热闹的人也纷纷说女士没有同情心，这点小事也斤斤计较。女士听到有人议论自己，觉得面子上过不去，只好摆摆手说："算了，做服务员也挺不容易的。"

董沁之所以能轻松地化解这场纠纷，最大的原因还是她会说话，懂得为女士和服务员着想。她知道，女士只是心有不满，而服务员也是无心之失，所以她说女士是个讲道理的人，既平复了女士的情绪，又帮服务员解决了问题。

那么，什么叫站在他人的角度去说话呢？

简单地说，就是在跟人说话时要学会换位思考，感受对方当下的心理状态，理解他在想什么、担心什么、他想听什么，然后再有选择地与其交流，而不是哪壶不开提哪壶，往别人的伤口上撒盐。

话不在多而在精。在表达自己的同时要做到精简为上，切不可长篇累牍，那样容易让人产生误会且不好让人理解，就像下面故事中的服务员就是因为说错话而得罪了顾客。

一对情侣到一家餐厅吃饭，两人选了一个靠窗的位置坐下。这时，服务员走到他们面前，一边递上菜单，一边说："我们店里上了不少新品，二位看看需要些什么？"

女士接过菜单点了一些菜品，服务员记下菜品后，顺口问道："你们二位还要饭吗？"

男士听了很生气，拍着桌子问："你觉得我们像要饭的吗？"

服务员一下子愣住了，没想到这句话会惹怒他们，只好红着脸解释："对不起，我说错话了，我是想问你们要点什么主食？"

听了服务员的解释后，男士的脸色还是很难看，他起身拉起女朋友准备离开。还好，这时店长走过来赔礼道歉，说服务员是新来的，不会说话，请他们原谅，然后又说可以给他们优惠，这才把他们留了下来。

显然，故事中的服务员没有考虑到顾客的感受。"要饭"一词本身就含有贬义，它通常指代乞丐，任谁听到这种带有讽刺意味的话都会不高兴。

每个人都希望受到他人的尊重，因此，在与他人沟通时，你要想想自己要说的话是否恰当、会不会伤害到对方——要尽量站在对方的角度思考问题。

王铮是南方人，刚来北京工作的时候，他总是分不清本地人说的东南西北。有一次去朋友家做客，他走出地铁站后迷了路，不知道该怎么走，就打电话向朋友求助。

朋友轻松地说："你先向东走，在第一个路口右转，经过一个红绿灯后，再往南走 200 米就到了。"

王铮小声地复述着，朋友察觉到他依然不知道怎么走，于是就换了个说法："你走出地铁站后，迎着太阳一直顺着马路往前走，在第一个路口右转，看见一家肯德基店，再往前走 200 米就

到了。"

这回王铮听明白了，10分钟后他顺利到达了朋友家。

由于北方和南方存在环境差异，所以人们指路的方法也不同。北方人通常说"东西南北"，而南方人则用"前后左右"来代替方向。因此，在给别人指路时，不能只按自己的习惯去说明，要设身处地地为对方考虑，这样对方才会明白你的意思。

有时候，你的话明明没有恶意，甚至是出于礼貌和好心，但如果没有考虑对方的心情，也可能会让对方感到不舒服。那么，怎么说话才能让对方觉得舒服呢？

那就是说出对方最想听到的内容。

其实，想要做到这一点并不难，你能通过分析对方的面部表情、语气来判断他的情绪。例如，当对方表现出不耐烦或者敷衍的情绪时，说明你们沟通失败，你要赶紧闭嘴或者转移话题。

具体来说，要通过以下方式培养良好的沟通习惯。

一、不要谈论别人的缺点

不管在什么场合，你都不要谈论别人的缺点。俗话说，天下没有不透风的墙，一旦这些话传到被谈论者的耳朵里，就会影响你们的关系，毕竟谁也不愿意听到别人说自己的坏话。

二、不要故意逞能

在职场中，不要故意在他人面前卖弄，以彰显自己多么优秀，而要学会低调做人。因为，每个人都觉得自己是最优秀的，看到别人在自己面前过分显摆，他就会感到厌烦。

三、不要抓着问题不放

在沟通的过程中，最好不要长时间地谈论某件事情。比如，对方的糗事、令对方不愉快的事，如果你总是说个没完，对方会觉得你在故意针对他，拿他开涮。

其实，沟通的过程就是信息互换的过程，你能明白对方的话，对方能明白你的话就好了，不需要再画蛇添足地加一些话来引起别人的注意。

要做到说话得当，就得学会分析、总结。通过对方的表情、语速、语调来判断对方的状态，从而把握和调整自己的沟通方式。

大量的生活经验都证明了这一点，要想成为一个社交达人，说话就要让对方觉得舒服——不仅要注意说话方式，还要站在对方的角度去考虑问题，真正做到"良言一句三冬暖"。

▶ 你可以巧言善辩，但不能颠倒黑白

在与他人沟通的过程中，你有没有过类似的经历：明明对方

说话没有逻辑，与事实不符，你好心纠正他的错误，结果对方一句也没有听进去，反而巧舌如簧地争辩，为自己找理由来掩盖真相。

你跟他争论了许久，他坚持认为自己是对的，最后你觉得自己白费口舌，简直是在对牛弹琴，浪费了时间和感情。

在沟通中，最怕遇到这样的情况：一方努力地讲解，另一方不顾事实，只知道争辩，最后双方都觉得自己是在对牛弹琴，闹得不欢而散。殊不知，沟通最重要的就是把事情讲清楚，而不是逞口舌之快。

邓名在一家广告设计公司上班，平常就爱看足球赛。这天是2018世界杯半决赛时间，他熬夜看了法国和比利时的比赛直播，结果第二天上班迟到了半个多小时。

部门主管问邓名为什么迟到，他解释说昨晚自己在家里加班写策划案睡得晚，早上闹钟没叫醒自己才迟到了。

主管说："那昨天让你写的策划案写完了吗？写完了一会儿发给我吧！"

邓名这下慌了，昨天晚上他光顾着看球赛了，根本没写策划案。主管看他迟迟没有作答，也明白是怎么一回事了，于是对他说："一次迟到没关系，下次改正就行了，没必要给自己找借口。"

邓名脱口而出："其实，我是在来公司的路上碰到堵车了，遇到这种事我也没办法。"

主管一听，生气地说："那你不知道早点出发，错开上班的高峰期？再说了，天天都会堵车，这是理由吗？"

邓名知道再说下去只会惹怒主管，只好闭口不言。可从此以后，他在主管心里留下了爱撒谎的坏印象，后来有几次重大活动，主管都没让他参加。

有理走遍天下，无理寸步难行。

很多时候，如果你的话合情合理，对方都会愿意听。但是，如果你只是给自己找借口，那别人对你的印象自然会大打折扣。就像故事中的邓名，如果他没有跟领导争辩，而是保证不再迟到或者按时完成工作任务，领导也不会对他产生坏印象。

事实胜于雄辩，这句话说得一点也不假。有时面对别人的误解和质疑，我们会急着去辩解，想办法证明别人说的话不对，自己才是对的。但是，即使你花了很长时间说服别人接受了你的观点，可由于中间花去的"成本"较大也会让你得不偿失。可见，有时结果并没有那么重要。

中午休息的时候，郭雄和同事林昊聊起了糖尿病。

"你们知道糖尿病是由于什么原因引起的吗？"听见郭雄在普及医学知识，其他同事都好奇地围了过来，想听他接下来的

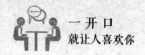

解释。

郭雄看关注的同事越来越多，顿时有了讲话的兴致，他捋了捋刘海，故作帅气地说道："其实，糖尿病是因为病人不注意饮食，爱吃甜食或者含糖量高的食物导致的，只要在饮食方面多注意，我们就不会得糖尿病了……"

林昊打断郭雄说："你别瞎扯了，我妈妈就是糖尿病患者，对糖尿病的病因我最有发言权了。其实，患糖尿病与吃甜食没有多大关系，患糖尿病主要有三方面的原因：遗传、精神压力过大、个体自身免疫系统异常。"

面对林昊的公然反驳，郭雄有些生气，他赶紧辩解道："你说得不对，之前我在一本杂志上看过专业的介绍。"

林昊开始跟郭雄争辩起来，可说了一会儿，他发现郭雄越说越离谱，最后还是办公室主任结束了这场对话。

主任说："林昊讲得对，但午休时间你们好好休息就对了，没必要为了这件事争得面红耳赤，这样的争论赢了怎样，输了又怎样？不过是在浪费时间罢了。"

我们与他人交流的目的是互换信息——我说的，你能听明白；你说的，我也能听明白。即使在交流的过程中，彼此因为学识和人生经历等原因而产生不同的意见，也没必要为了坚持自己的观点争论不休。

沟通时难免会出现意见不统一的情况，这时，交流双方要秉着实事求是的态度停止争辩，坐下来真诚友好地分析问题，这样才能重新展开交流，从而达到理想的沟通效果。

徐伟是个争强好胜的人，只要他认为是对的事情，就一定会跟别人争辩个没完。这不，这几天他看完了一本励志书籍，就总结了一个自认为很棒的观点："一个人不管从事什么职业，只要勤奋就够了——成功与天分没有半毛钱关系，古人也说勤能补拙。"

于是，他就把这个观点告诉了同事小李。可小李认为天才就是 1% 的灵感加 99% 的汗水，甚至 1% 的灵感比 99% 的汗水更重要。

接着，两人展开了一场激烈的辩论，还因此耽误了工作。总监看到他们俩在办公室争执，问清原委后对他们说："每个人都有与他人意见相左的时候，你讲得对，我就欣然接纳；你讲得不对，我保留意见就好，没必要争论。而且，你们因为这样一件小事争辩，连工作都不做了，你们说的勤奋和汗水在哪里？"

徐伟和小李这才明白，原来他们谁都没有说对和做对。两人顿时满脸通红，迅速跑回了工作岗位。

是的，每个人都难免会有与他人有意见相左的时候，但没必要去与人争辩。因为：

一、无谓的争论是在浪费时间

生活经验告诉我们，不是关系到原则，或者关系到我们切身利益的事情，我们完全不必斤斤计较地去争辩，因为到最后只会浪费时间。

正如有句话说得好：只与同好争高低，不与傻瓜论短长。你只要一开口跟傻瓜争辩，别人就会知道谁才是真正的傻瓜。

二、过多争论会背离交流的初衷

也许你认为别人的话有错，所以你要跟对方争论到底。但你会发现，随着争论的时间越长，你们之间的谈话就越会背离交流的初衷。你们谁也不愿相信对方的观点，到最后只会将谈话变成无谓的争吵，与其这样纠缠，还不如停下来回归到话题本身。

三、不要太在意是非观念

许多时候，对与错并没有那么重要，换一个角度去想问题，就会知道对与错、是与非并没有什么意义。

事实是怎样的，就去尊重事实。学会实事求是，不去争辩，反而会一身轻松。

生活经验同时告诉我们，太多事情完全不必要花心思去计较，一个观点究竟谁对、谁错，并不重要。

只有建立在理解、信任的基础上，交流才会产生作用。一旦交流双方陷入争论的旋涡，交流就会远离最初的目的，这对双方来说都是一种损失。因此，要想取得良好的沟通效果，我们就要采取有效的沟通方式，不做无谓的争辩。

➤ 让人不得不接受的话术

在与他人交谈的过程中，最重要的就是要使自己说出去的话有分量，能够起到说服别人的作用。心理学上有一个名词叫作"冷热水效应"，具体的解释就是，如果一个人需要一杯热水，但你说服他接受了你手中的温水，这就说明你实现了有效谈判。

在谈判过程中，恰当地应用"冷热水效应"，让有的人扮黑脸、有的人扮红脸，往往能够达到说服他人的作用。比如，让扮黑脸的人把事情说得特别糟糕，然后让扮红脸的人说出一个稍微好一点的结果，这样对方更容易接受这件事。

试想一下，如何不动声色地让对方接受自己的温水？答案其实很简单，你可以先给对方倒一杯冷水，然后再换一杯温水，因为有冷水做对比，对方会欣然接受温水。

是的，说服他人不能直接把想说的话不加思考地就说出来，而是要讲究一定的策略，否则就达不到目的。

鲁迅先生说："中国人的性情总是喜欢调和、折中的，譬如

你说，这屋子太暗，须在这里开一个天窗，大家一定是不允许的。但如果你主张拆掉屋顶，他们就会来调和，愿意开天窗了。"说服别人是要把话说到对方的心里去，让对方理解自己的观点，以及自己说那些话的原因，最后让对方从内心深处认同自己的观点，被自己的话打动。

很多时候，谈判不需要多么能说会道，正所谓四两拨千斤，只要能用最简短的句子把内心最想表达的话说出来，并且刚好又是别人最想听到和最能认同的，那么就能轻易说服对方。

下面我们来谈一谈成功说服他人的方法之一"将心比心法"。

汤慧是一家服装店的导购员，在快下班的时候，她接待了一位三十多岁的女顾客。当时，她亲切地跟对方打招呼："姐姐好，最近我们店里的衣服都在做活动，你喜欢哪件可以试穿一下，有什么问题，你随时可以问我。"说完，她便站在一旁，不再说话。

顾客挑选了一会儿，最后在两件衣服之间犹豫不决，一件是紫色的风衣，价格是 800 元；一件是宝蓝色的裙子，价格是 600 元。

如果是其他导购员，一定会为了业绩竭力推荐顾客买贵的衣服，但汤慧没有这么做，她对顾客说："姐姐，你挑选的两件衣服都很好看，但从我的角度来看，那条宝蓝色的裙子更符合你的个人气质。"

顾客本来还在纠结到底买哪件衣服，在听了汤慧的话后，选择了更适合自己的裙子。结完账后，顾客还在店里办理了会员卡，并说以后来买衣服都会让汤慧服务。

汤慧之所以能做成这笔生意，主要原因就是她运用了将心比心的说服方法。她站在顾客的立场上替对方着想，从而打消了对方的戒备心，而且还产生了一致的认同感，故而做成了生意。

通俗地说，"将心比心法"就是站在对方的角度去考虑问题，理解对方的需求和心情。因此，这种说服方法更容易使对方接受并达成共识。

当你学会站在对方的立场去想问题，并以对方的观点去看事物的趋向，你的沟通也将会如鱼得水。要想说服一个人，必须要与对方站在一起，两者的关系越融洽就越容易成功说服他，因为人们都喜欢认同"自己人"说的话。

有时候，在拜托别人做事时，不管怎样恳求都没有进展，这时就要消除与对方心理上的隔阂，然后再通过诱导去说服。

在销售方面，为了吸引顾客的注意力并达到80%的购买率，销售员通常都是先诱导顾客，然后再说服他们。

是的，我们行动的目的通常都是"为自己"而非"为别人"，如果能够充分利用这一点，那么，想要说服他人就犹如探囊取物

般容易了。只要了解对方真正的需求，进而满足他的需求就能达到目的。

在说服他人时，不要直接从关键点出发，因为关键点通常是你们冲突的焦点。如果你直接要求对方不能那样做、应该这样做，很容易引起对方的逆反心理，导致他跟你对抗到底。所以，最好的方法是从侧面引导对方，一步步绕回到你想要说服对方的关键点上。如果理由充分，对方一般都能够接受。

说服的过程是说服者对被说服者攻心的过程，因此，你可以运用"层渐递进法"来达到目的。从理论上讲，"层渐递进法"符合心理学的基本规律，从实践中也能看出，只要运用得恰当巧妙，就能取得理想的说服效果。

当然，除了要掌握说服他人的技巧外，还要考虑对方的心理承受能力，知道怎样说话才能够得到他的认同。具体来说，你需要做到以下几点：

一、分析对方的认知水平

在说服别人之前，要提前对他做一个全方位的评估，以便掌握他的认知水平。比如，对方是什么学历，有什么样的认知水平；与他交流时，用什么样的方式去沟通他才会听，自己说的话会得到他什么样的回应；针对他提出的问题应该怎么回答；等等。

二、讨论对方关心的重点

与人对话，最重要的是：你说的话刚好是对方想听的。如果你想要说服某个人，你可以就他最关心的问题进行劝说，这样就能引起对方的注意——只要你用词得当、观点能够打动他，那么你就能轻易地说服他。

例如，小明上高一时想辍学，你可以跟他讨论辍学之后他能做什么，不能做什么。经过充分的对比，然后再给他灌输你的观点，从而说服他继续去上学。

三、以退为进地表达自己的观点

许多时候，我们都会遇到极端固执的人，他坚持认为自己的观点是正确的，哪怕真的是他错了，他也会因为好面子而不承认。

遇到这种情况，你可以采取以退为进的沟通方法。首先，你要肯定他的观点，站在他的角度去看待问题。在跟他产生共鸣后，再引导他换个角度思考问题，用商量的口吻跟他谈谈你的观点，从而引导他接受你的说法。

四、用平和友好的方式去劝说

我们都喜欢跟能让自己感到开心的人交流，因为这样会让我们觉得交流起来没有压力。

同样的道理，当你在说服他人时，只有先让对方喜欢跟你聊天，他才可能对你放松警惕并接受你的观点。所以，在说服他人

之前，你可以先给对方一个微笑，借此增加他对你的好感度。

总之，说服他人是我们在与人沟通时经常会遇到的问题，只有平时在生活中经常思考、总结沟通方法，才能够轻松地说服别人，达到自己的目的。

▶ 不卑不亢，理智应对言语攻击

有时候，我们表达了一个想法，可对方却断章取义、添油加醋地攻击我们。面对这种情况，我们就要使用恰当的方法来应对——学会不卑不亢。

王女士是一家事业单位的员工，她原本过着朝九晚五的生活，可最近她的经济状况出了点问题，需要一些钱来周转。朋友知道她的难处后，给她介绍了一份兼职——化妆品导购，日薪100元加提成。

周末在家也没有什么事要做，王女士就决定去兼职多挣点钱。面试的那天，经理看了她一眼，不屑地说："你看起来四十多岁了吧，怎么年龄这么大了还来应聘？"

王女士淡定地回答："我今年42岁，之前你们并没有说有年龄限制，如果我的年龄不适合这份工作，那抱歉打扰了。"说完，她转身就走。

经理这才意识到自己的失礼，赶紧道歉："对不起，是我们的招聘信息没写清楚，45 岁以下的女性都可以。同时，恭喜你通过了面试，如果你愿意，欢迎下周来上班！"

听到这里，王女士有些纳闷：自己还没通过面试，怎么就被录用了？原来，经理看她沉着冷静，说话不卑不亢，就知道她一定能胜任这份工作。

面对经理的误解，王女士没有发火，而是冷静地对待，这才让经理对她刮目相看。

当他人对你施行言语攻击时，如果你一时冲动发脾气，不仅无法解决问题，还会影响接下来的交流，更会让对方看笑话。

午休时间，李玉在用电脑看视频。正在她看得津津有味的时候，身后突然传来略带嘲讽的声音："哎呀！真幼稚，你多大的人了，竟然还看动画片？"

李玉转身一看，原来是公司里出了名的"毒舌"——王青，由于他说话刻薄，同事们都不太爱跟他交流。

李玉本来心情挺好的，听到王青的话心里有些不高兴，立即反驳说："谁规定成年人不能看动画片了？难道你不知道动画片也是一门艺术，受众不分年龄、不分国界的吗？"

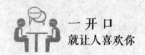
王青摇摇头，不屑地说："小朋友才看什么《喜羊羊与灰太狼》之类的，哈哈哈，难道你也看？"

"动画片分为很多种，有适合小朋友看的，也有适合成年人看的。现在我看的这部电影是《大鱼海棠》，它的内容适合成年人看，你了解吗？"

王青说不知道。李玉继续说："你连它的内容都不知道，凭什么在这里乱说话？"

王青被说得哑口无言，只好灰着脸走开。同事们见状，纷纷为李玉点赞，夸她说得漂亮，就应该这么回敬说话刻薄的人！

与他人交流时，难免会遇到言语方面的攻击。这时候，选择针锋相对地与之争吵，还是不卑不亢地理智应对，对我们来说是一种考验。

那么，我们该如何应对言语攻击呢？所谓言语攻击，就是一种不友好的说话方式，使人听后觉得对方是有意刁难，令人产生抑郁不快的情绪。

当你遭遇语言攻击时，可以采用以下方法应对：

一、保持冷静

首先，要保持头脑清醒，这样才能想到应对办法。其次，要理性分析对方攻击你的原因，是不是你哪里做得不对，应该怎么去化解。

二、微笑面对

大多数时候，别人的言语攻击就是为了激怒你，一旦你恼羞成怒，对方就会很高兴。当你学会微笑面对时，对方反而会很意外。而且，微笑也是情商高的表现，对方会因猜不到你在想什么而停止言语攻击。

三、选择远离

对于那些难听的话，不管你怎么回应都会引起对方下一轮的攻击。如果你不回应，对方就没有了继续攻击的兴趣。所以，只要不是涉及原则性的问题，要选择远离对方，或不做回应。

四、适当反击

如果遇到了多次言语攻击，要在适当的时候进行反击。从对方攻击的话里选择逻辑不对、与事实不符的地方进行反驳，即以其人之道还治其人之身，给对方来一个措手不及。

会说话是情商高的体现，当别人对你进行言语攻击时，你要学会见招拆招。正确的沟通方法是消除误会而不是制造误会，如此才能实现有效社交。

*一开口
就让人喜欢你*

拒绝别人的正确打开方式

从小老师就教育我们："帮助别人是一种美德，要学会助人为乐。"

这就是说，当别人请你帮忙时，如果你能帮一定要帮。但是，随着交往的人越来越多，你会发现有时候好心帮助别人了，非但得不到他的感激，甚至还会被他责备。有时候你不想帮忙，但因不好意思拒绝而勉强答应了，结果就造成了难堪的局面。

都说"赠人玫瑰，手有余香"，可有时候并不是这样的。因此，要学会正确对待他人的请求，该拒绝的时候就要拒绝——不能故意迎合别人、委屈自己，这样只会让自己失去快乐。

无法做到的事，就要果断拒绝。比如，对方让你做自己不愿做或违背原则的事，这时你就要对他说"不"！你要明白，说"不"不会伤面子，还能帮助你恢复正常的生活秩序和工作节奏。

周航脸皮薄，不知道该如何拒绝别人的请求，只要有人找他帮忙，他都会答应。结果，他常常因为帮助别人而影响自己的生活和工作。事后，他总是在心里告诫自己，以后再有人让他做自己不想做的事，一定要果断拒绝，可每次他都张不开口。

这不，两天前朋友给他打电话，说自己在学车脱不开身，想让他帮忙写一份策划案。

周航盯着朋友传来的资料，大脑一片混乱，因为他根本不知道该怎么写。朋友央求道："看在我们多年的友情上，你就帮我这个忙吧！我知道以前你写过文案，相信你能写好的，拜托你了！"

周航心里很不舒服，他本想拒绝朋友，因为写策划案很麻烦，而且他也有工作要处理。帮朋友的忙，他就没时间做自己的工作了，但拒绝朋友又会让对方伤心，思量了一会儿，他还是答应了。

周航熬了两个通宵，查了许多资料，终于帮朋友写好了策划案，还因此耽误了自己的工作，被领导批评工作态度不端正，如果再有下次就扣工资。

但朋友并不知道这些，只有周航一个人默默承受着。

有时候，说"不"对我们来说确实很困难。"不"，这个字很简单，但它代表着你的态度、决心和勇气。

长期接受传统教育的我们很难拒绝别人，觉得拒绝对方会伤害彼此的感情，所以，很多时候，我们不知道该如何去拒绝别人。但是，我们总害怕伤害到别人，却忽略了一直受伤害的自己——当负面情绪越积越多，最后爆发的那一刻，只会造成更大

的伤害，形成一道道再也没法弥补的裂痕。

其实，当你不想答应别人的请求时，就要勇敢地说"不"——合理地拒绝对方不会让你失去友情。很可惜，许多人不明白这个道理，宁愿委屈自己也不轻易拒绝别人。

小威是一个热心肠的人，只要朋友遇到困难，他都会主动伸出援手，尽全力帮助，这也是女朋友小莉喜欢上他的原因。可接触久了，小莉发现小威有个特别严重的问题，那就是不懂得拒绝他人。

有一次，小莉和小威约好周六去看电影，然后再去吃饭。女朋友再三嘱咐他，不管有什么事情一定要提前处理好，因为那天是她的生日，她希望小威能陪她一起过。

周六那天，小莉早早来到电影院。在离电影开场前一小时时，小威说自己已经出发了，可是电影都开场了，他还没有出现。小莉只好一个人走进电影院，独自看完了电影。

电影结束后，小威才出现在电影院门口。小莉白了他一眼，问他怎么现在才到。

小威解释说，原本他已经出发了，可中途接到朋友的电话，说出省旅游了，有个重要的快递到了，想让他帮忙验收一下。他心想，取快递用不了多少时间，所以就过去了。

可没想到，完事后，在来电影院的路上遇到了堵车，等他到达电影院时，发现电影还有几分钟就结束了，他只好守在门口等着。

小莉听后，顿时火冒三丈，男朋友竟然为了帮别人取快递而爽约！一气之下，她跟小威提出分手，同时切断了和小威的所有联系方式。

不懂得拒绝的人通常心地善良，但是，他们的善良反而会给自己带来许多麻烦。所以说，你过于善良，别人就会觉得你是个老好人，不管遇到什么事，哪怕是他们能够处理的小事也会让你帮忙。

每个人的时间和精力都有限，谁都会有心有余而力不足的时候。因此，当你觉得自己没有更多的时间和精力去帮助别人时，就要果断拒绝，不要害怕这么做会伤害对方——你要明白，委屈自己并不是一件好事。

杜琴是办公室里出了名的老好人，同事的大事小事能帮上忙的，她都去做，大家都喜欢跟她相处。

刚开始，杜琴以为同事是真的喜欢她，直到有一天她去卫生间时，听到两个同事在里面说自己的坏话，她才明白，原来这一切都只是她的错觉。

"杜琴那个傻妞呀，我根本没把她当朋友，只是把她当免费劳动力罢了。"

"就是，我懒得下楼，就让她帮我买盒饭。哈哈，她还真是个跑腿的料！"

"有一回，主管让我写一篇简报，我拖了好几天都没写好，就想让她帮我写，没想到她马上就帮我写了一篇。以后有什么不想做的事，咱们都让她帮忙吧！"

听到这里，杜琴才明白，原来同事一直都在利用她。后来，她开始学着拒绝别人，同事再来请她帮忙时，她会说："对不起，现在我有事走不开，你找别人吧。""不好意思，等我忙完手里的工作再帮你处理这事吧。"

从此，杜琴轻松多了，她把时间和精力都花在工作上，一年后领导提拔她当了总监。

可见，在职场中，学会拒绝他人也是一种自我保护。比如，有时领导会安排一部分其他部门的工作让你做，由于时间和精力有限，你很想拒绝领导，但是又不敢说"不"。结果是，其他部门的工作你没做好，还给自己带来很多困扰，影响了本部门正常的工作进度。因此，学会有技巧地对领导说"不"很重要。

那么，我们该如何合理地拒绝别人呢？

一、先肯定再否定

不管是在生活中还是在职场中，先肯定再否定的策略都能起到好作用。

当对方的意见与你不统一时，你可以先肯定他的想法，在肯定的基础上再说"不"。例如，阿飞到婚介公司登记信息，工作人员问："您的理想型女友是什么样子呢？"

阿飞说，他是个特别节俭的人，四五年才买一次新衣服，钱对他来说能少花就少花，所以他希望另一半与他一样节俭。听到这话，工作人员有些意外，毕竟像阿飞这样的人太少了，于是说："勤俭节约是中国的传统美德，您有这样的想法很好。"

阿飞满意地点了点头。工作人员继续说："可是咱们都知道，钱不是最重要的，我觉得活好每一天才是最重要的。咱们不能为了挣钱就像机器一样没日没夜地工作，攒着钱什么也不买，您觉得呢？况且，这钱也不是省下来的，花得多才挣得多呀，为爱人花钱，难道您心里不开心吗？"

听了工作人员的这一席话，阿飞发现是自己想得太极端了，不但认同了工作人员的想法，还很感谢她。

二、学会换位思考

在职场中，当你不确定对他人说"不"的后果时，可以试着站在领导的角度想一想：领导为什么安排我做这件事，是不是在考验我？如果我是领导，员工以什么样的话或者方式拒绝我，我会比较容易接受？

当然，在拒绝领导时，不能当着同事的面说"不"，这么做会让领导觉得你不把他放在眼里，是故意挑衅，让他颜面扫地。而且，这种做法也会让人认为你狂妄自大，觉得你是个事多、不

好相处的人，以后会故意疏远你。最重要的是，当众拒绝领导会令他产生逆反心理，他可能会直接否定你的提议。

说"不"并非一件多么困难的事，我们不要被自己预想的困难吓倒，担心别人不理解，担心会失去好朋友。试想一下，如果你不懂得拒绝，在以后的工作中就有可能出现这样的情况：老板让你加班你就加班，同事让你帮忙你就帮忙——不好意思说"不"，这不但让你失去了自己的生活，而且还是一件非常糟糕的事情。所以，你必须学会拒绝别人不合理的请求。

生活瞬息万变，谁也不可能预先知道下一秒会发生什么，所以，我们要学会选择。比如，你能选择拒绝做自己做不到的某件事，拒绝一见面就开口借钱的某个人。

有时候，选择对了，生活才能更加顺畅。

▶ 会聊天不靠信息，靠分寸

在社交活动中，人们都喜欢跟幽默开朗的人相处。专业研究发现，幽默开朗的人大多乐观向上，有独特的逻辑思维和极强的语言组织能力，能给身边的人带来欢乐。

　　幽默的人有一个共同点：擅长用轻松的方式逗别人开心，拉近与他人的距离，从而赢得对方的好感。在社交中，幽默的人常常开玩笑活跃气氛，因此，有的人就想照猫画虎，结果却起到了相反的作用，这是怎么回事？

　　其实，开玩笑是有技巧的。如果开玩笑的对象、场合、尺度不当，不但起不到活跃气氛的作用，还会适得其反，甚至会伤害别人的自尊心。

　　周一，许静穿了一条漂亮的裙子去上班，陈明看见了就开玩笑地说："许美女穿得这么靓丽，今天是准备出嫁吗？"

　　许静听后脸色一沉，没好气地说："你这是在咒我离婚吗？"

　　陈明这才想起来许静已经结婚了，他赶紧道歉，说自己是无心的，可许静依旧一脸的不悦。

　　在现实生活中，开玩笑一定要恰当，否则就会引起别人的反感，有时还会引起双方的争执。

　　有的人觉得开玩笑就是为了逗乐，不用计较玩笑的内容。很显然，这个观点是不对的。虽然玩笑只是一两句话，但如果你说的话带有恶意，任谁听了都不会高兴。

　　郭洋参加好朋友张莹的生日聚会，原本大家都很高兴，可就因为郭洋的一句玩笑话，让张莹陷入了尴尬。

张莹在大伙的起哄下唱了一首《猪之歌》，她唱完后，大伙都为她鼓掌，说她唱得比原唱还好听。张莹谦虚地说："过奖了，大家喜欢就好！"没想到郭洋突然说了这么一句话："你唱得真像一头猪在叫，哈哈哈，我开个玩笑而已，你别当真！"

张莹听了脸色一阵铁青，她勉强挤出一丝微笑，说："今天是我的生日，我不跟你计较，改天我再收拾你！"

有人看出场面有些尴尬，就走到郭洋面前对他说："你说错话了，还不赶快跟我们的寿星喝杯赔罪酒？"

郭洋看张莹的脸色不太好，才意识到自己的玩笑开得有点过了，只好端起酒杯向张莹赔罪，这才恢复了之前欢乐的气氛。

那么，在跟别人开玩笑时，要注意些什么呢？

一、尽量不跟初次见面的异性开玩笑

由于大家刚认识，彼此还不熟悉，你不知道哪句话是对方的"敏感词"，所以要注意用语。例如，有的胖人特别讨厌别人提"减肥"等话题，如果你不小心冒犯了对方，对方很可能会说："我跟你很熟吗？"从而造成尴尬的局面。

二、别拿别人的短处开玩笑

每个人都有优缺点，你可以拿对方的优点开玩笑，但绝不能拿对方的短处开玩笑。例如，小蕊肤色黝黑，最讨厌别人说"你怎么这么黑呀"之类的话。有一回，同事王欣从海南旅游回来，她口无遮拦地说："哎呀，我都晒黑了，你们看，我都快跟小蕊一个肤色了。"

小蕊翻了个白眼说："你要是怕被晒黑，就哪儿都别去，怎么那么矫情！"此话一出，王欣立时陷入尴尬之中。

在跟别人开玩笑时要有同情心，切不可只图自己高兴，在别人的伤口上撒盐。

三、不要以捉弄他人的方式开玩笑

开玩笑的前提是使双方愉悦，捉弄他人则明显是不尊重对方的行为。当别人知道你是怀着恶意捉弄他时，他不会再把你当朋友。

四、开玩笑和嘲笑是两回事

开玩笑就是希望对方能够笑一下，如果你背离了这个目的，借着开玩笑的名义挖苦别人，时间久了，大家都会疏远你。

上高中的时候，王秒因为嫉妒班花秦然长得漂亮，就造谣说秦然做过整容手术，还给她取了一个"双鼻"的外号，影射她整了双眼皮和鼻子。

起初，只有王秒叫秦然"双鼻"，后来别的同学也跟着起哄，大家常常调侃秦然："整容疼不疼呀？""以前你长什么样子，是不是比现在丑呀？""你别生气呀，我是开玩笑的。"

同学们的"玩笑话"，就像一块块大石头压得秦然喘不过气

来。直到有一天，王秒再次叫秦然"双鼻"时，秦然崩溃了，最后竟然闹到了要跳楼自杀的地步，幸亏班主任及时赶到，才避免了一场悲剧。

班主任安抚好秦然的情绪后，开始调查事情的真相。当得知王秒出于嫉妒才给秦然起外号时，班主任就语重心长地对她说："同学之间开玩笑一定要有度，有时候语言就像一块石头，它砸到地面上什么事也没有，但是砸到人的头上会把人砸伤的。"

王秒愣住了，她结结巴巴地说："我给秦然取外号只是开玩笑，没想到事情会变成这样。"

现在，王秒终于意识到了自己的错误，她的玩笑话差一点就成了致命的石头。

是的，如果对方觉得哪句话不好笑，甚至因此受到了伤害，那就不是开玩笑，而是嘲讽和挖苦。

除了上面列举的事项外，在开别人的玩笑时，还要注意措辞，诸如"拖油瓶""人渣""二百五"等刻薄之语都会给他人带来伤害。

▶ 你千万不要当话题的终结者

所谓会说话，是指在人际交往中，能巧妙地用语言、文字、符号或其他表现形式，进行信息传递和交换的过程。简单地说，会说话就是将交流双方的观点和看法用精准的方式表达出来，使双方都能明白的一种行为。这其中就牵涉到个人的知识积累水平、语言表达能力、思维能力以及沟通习惯。

你是否经常为这种情况而苦恼：自己明明已经表达得够清楚了，但对方始终都不能理解自己的意思。这时候，别着急，可能问题并不是出在对方身上，而是你自己没有理解对方表达的重点就急着回复。

要知道，沟通不仅需要会说话，更需要会倾听，只有双方都听懂了，才能更好地沟通。

"三八妇女节"当天，公司给全体女员工放半天假，乔丽约了几个同事去 KTV 唱歌。

回家后，乔丽跟老公诉苦："今天去唱歌的时候很不开心，本来我们在美团上预订了 58 元的小包间，也提前跟 KTV 的员工

打电话确认了，对方说到时候出示美团券就可以了。结果我和同事到了那里，他们居然不认账，说网上预订的包间没有了，如果要唱歌，则需要现场付 78 元购买中包。这家店真是不讲信用，我们就要求他们退之前订购的美团券，但他们不退，我们就跟他们吵了起来……"

听到这儿，乔丽老公放下手里的遥控器问："你是说最后你们花了 136 元唱的歌吗？那也很实惠呀，你们怎么还跟 KTV 的员工吵架呢？"

乔丽听了气不打一处来："后来我们换了一家 KTV，花了 120 元才唱的歌。你到底听没听我说话啊？"说完，她就到书房看书去了，留下老公在客厅里莫名其妙。

故事中的老公没听懂乔丽在表达什么，就按照自己的理解胡乱回答一通。乔丽本来就心情不好，想向老公倾诉以求安慰，可他曲解了她的意思，让她觉得他没认真听自己讲话，所以也没有了继续沟通的欲望。

英国哲学家培根说过："打断别人说话、乱插嘴的人，最令人讨厌。"大多数人说话时都讨厌被打断，你能想象一下，当你正兴致勃勃地说话，有人突然站起来打断你的话，并说了一些题外话，你会有什么想法？

与人沟通，最重要的就是学会倾听。

当你认真倾听的时候，别人会觉得受到了重视，甚至你倾听时的眼神和表情都是在鼓励对方继续说下去。这是一种无声的鼓励，同时也是对讲话者的尊重。而且，只有认真倾听，才能理解对方在说什么，知道他需要解决的核心问题是什么，这样才能跟他有进一步的交流。

在××公司网络维修部上班的赵宇被客户投诉了，经理问他事情的经过，他支支吾吾地说了半天也没解释清楚。经理只好亲自给客户打电话询问投诉原因，下面是经理与客户的谈话内容：

经理："您好，我是××公司网络维修部的经理，今天您投诉了我们的维修师傅赵宇的工作态度问题，您方便说一下投诉的原因吗？"

客户："是这样的，我们小区其他住户的网络都很正常，这几天只有我家的网络有问题，就预约了维修师傅。赵师傅来了后，的确解决了连不上网的问题，但他拔掉了路由器上的一根线导致电视无法正常使用。

"下午，我给赵师傅打电话，他说这事不归他管，让我去找有线电视的客服处理问题。后来，我找了有线电视的维修师傅，这才把电视机修好。我很不满意赵师傅的工作态度，所以就投诉了他。"

经理："非常抱歉，给您带来了不便。我们已经对这名员工

进行了批评教育，如果以后家里网络再出现问题，欢迎来电。"

客户："没关系，再见！"

原来赵宇因为疏忽把客户家里的电视网络线拔掉了，当客户找他时，他没有理解客户的需求就直接推诿责任，没有及时处理问题，结果被客户投诉了。

可见，在工作中，认真倾听、找到对方话语中的重点并做出准确的判断是多么重要！

如何才能听到重点，并做出正确回复呢？我们可以看看下面的几个方法。

一、用肯定回答代替否定回答

在与他人交流时，肯定回答更容易被人们接受。比如，当顾客看中了一件衣服但向销售员抱怨价格有些贵时，有经验的销售员会这样回答："这件衣服是贵了一些，但它的质量比其他服装要好很多，值得您购买。"

与价钱相比，顾客更在乎的是衣服的质量，所以肯定回答往往更能解决问题。如果销售员否定地说："不贵，这是品牌服装，它的价格已经很便宜了。"这样的回答只会让顾客觉得店大欺客，扭头就走。

二、不要以导师的身份说教

很多时候，别人向你倾诉烦恼并非一定要你出谋划策，如果对方没有明说"你帮我出个主意"，那很显然他不需要你对这件事做过多的评价。这时，你开始说出一堆大道理，只会引起对方的反感，而且对方会觉得你喜欢说教，下次再想找人倾诉时也不会找你了。

三、明确对方说话的重心

在与人沟通时，要学会抓住话题的重心。如果你没听明白对方的意思，可以请他再复述一遍，不要凭自己的猜测去回答。比如，你可以这样说："刚才你说的我不太明白，你想表达的是什么？"

通过这样的确认，你就能知道对方说的重点是什么，从而有针对性地回答他的问题。

要记住，在与他人沟通的过程中，听懂对方的问题才能做出正确回答，这样他才愿意继续与你交流。当别人愿意与你敞开心扉地聊天时，你就成了社交达人。

▶ 教你3分钟表明意思

众所周知，"夸夸其谈"是一个成语，它常用来形容说话浮

夸、不切实际。

在现实生活中，有的人赖以生存的技能就是一张巧嘴，他们总是口若悬河，给人一种知识无比丰富的印象，可一旦遇到实际问题需要他们帮忙时，他们却总是摇头说："我只是知道这些知识，不是真得会做。"

在人际交往中，大多数人都很讨厌夸夸其谈的人。别人与你交流是希望能有所收获，所以当你像演说家一样夸夸其谈、说一大通废话却不能帮助对方解决问题时，对方只会觉得你是吹牛大王。

除此之外，吹牛皮的人总是以自己为中心，不给别人说话的机会——只要他在场，别人都只能沉默地站在一边，看着他表演。

试问，你喜欢跟这样的人交往吗？

朋友鲁彬就是一个吹牛大王，他总是对别人说："你们有什么问题尽管来找我，我上知天文、下知地理，什么问题都难不倒我。"

刚开始，还真有人去找鲁彬帮忙，可咨询过他几个问题后，发现他并没有什么真本事，只是爱吹牛而已。

有一回，小杨准备开设微信公众号，她打电话请鲁彬帮忙。鲁彬在电话那端说："开公众号呀，太简单了，你只要去网上注册，然后绑定自己的手机号就搞定了！"

小杨用电脑试了几次，可无论怎么试都没有申请成功。当她把出现的问题截图发给鲁彬后，鲁彬自己也蒙了，他不知道该怎么回答小杨。

小杨问："你自己申请过微信公众号吗？"

鲁彬说没有。小杨生气地说："你自己都没有申请过微信公众号，怎么刚才还说得头头是道？"

鲁彬不好意思地说："我刚才只是猜测，你还是找申请过微信公众号的人帮忙吧，他们能给你有用的指导。"

经过这件事，小杨开始相信朋友们说的话都是真的，鲁彬只是爱吹牛罢了，如果真遇到什么问题，他什么忙也帮不上。

这个故事告诉我们，说话不能口若悬河而要实事求是，本着解决问题的原则与人交流才能赢得对方的信任。如果说的都是废话，时间久了，别人就不愿意跟你交流了。

蒋豪即将大学毕业的时候，朋友问他毕业后有什么打算，他兴奋地说起了自己的就业计划："现代人都有手机，所以给手机贴膜是一个很挣钱的项目。我调查过了，一张手机膜的成本是 2 元，假如我收顾客 10 元，贴一张手机膜就能挣 8 元，一天大约贴 100 张手机膜就能挣 800 元啊！所以，我打算批发一些手机膜，然后去市区最繁华的地方摆地摊。"

朋友听后还没来得及说话，接着，蒋豪又说起了另外一个计划："我还打算做一个在线心理咨询网站，我本身是学心理学的，有国家二级心理咨询师证。现在很多人都有心理问题，比如忧郁症、抑郁症、焦虑症等，所以心理咨询网站很有市场——假如我向每个咨询者收 100 元，每天有 5 个人咨询的话，我一天就能挣 500 元……"

朋友担忧地问蒋豪这两个项目是否存在风险，他笑着说，他已经规划好了，绝对只赚不亏。

可毕业一年后，同学们都找到了好工作，只有蒋豪一个人还在家里"啃老"，继续做着他的创业梦。

其实，蒋豪尝试过摆地摊贴手机膜，也尝试过成立心理咨询网站，只是当他接触这两个行业时，才发现事情不像他想象的那么简单。于是，他选择放弃计划，另寻商机。

蒋豪就是这样一个夸夸其谈的人，注定终将一事无成。

如果你经常说大话，别人非但不会欣赏你，还会讨厌你。如果想要别人欣赏你，就不要当口头上的巨人！具体如下：

一、不要像演说家一样夸夸其谈

在现实生活中，人们都讨厌"思想上的巨人，行动上的矮子"。虽然会说话是一种优点，能够帮助你处理一些人际关系问题，甚至能帮助你在事业上取得一些成绩，但这并不代表你就要像一个演说家一样夸夸其谈。

二、不要吹嘘自己的能力

通常，夸夸其谈的人都爱吹嘘自己的能力，明明自己没什么本事却非要逞能，结果当别人虚心向他请教时，他又支支吾吾地说不出一句话来。人们都欣赏"说到能做到"的品质，如果一个人总是出尔反尔，就会降低别人对他的信任度。

三、学会谦虚做人

众所周知，"谦虚使人进步，骄傲使人落后"，但对于那些夸夸其谈的人来说，他们并没有深刻理解这句话的含义。他们觉得只要自己能说会道，自然能让别人羡慕。可事实刚好相反，夸夸其谈的人不但不会被他人羡慕，还会引起他人的反感。

四、学会有选择性地说话

喜欢夸夸其谈的人在说话时通常会得意忘形，只要别人夸他们几句，他们就会兴趣大增，指点江山般长篇大论。

喜欢说话不是一件坏事，但是要分清场合、把握好尺度，有选择性地说话。

会沟通的人，对自己说过的话非常负责。在与人沟通时，他们从不吹嘘、显摆，总是会说自己懂得不多，希望大家能多提宝贵的意见，相互学习，共同成长。

这种做法值得那些爱夸夸其谈的人好好学习。

在日常生活中，一个人的一言一行都代表着自己在他人心中的形象。为了让自己更受欢迎，我们要保持谦虚低调的心态，养成良好的沟通习惯。

经验告诉我们，不夸夸其谈的人才能有机会倾听别人的谈话，成为一个跟谁都能聊得来的人。

▶ 小心！别把刻薄当耿直

古人言："良言一句三冬暖，恶语伤人六月寒。"它的意思是，我们的话对别人来说是有影响的——一句好听的话会让人在寒冷的冬天也能感到温暖，而一句伤人的话会让人在炎热的夏天也能感到寒冷。

这提醒我们，在与人交流时要养成良好的沟通习惯，组织好自己的语言，尽量不说伤害他人的话。

但生活中总有些人以说伤人的话为荣，甚至还沾沾自喜，自认为这是一种沟通能力。殊不知，这些人被人戏称为"毒舌"，无论走到哪里，他们都被别人用异样的眼神看待。而一个说话有内涵的人，走到哪里都会受到人们的尊重，被人们投以赞赏的目光。

杨硕在公司里做人事主管，他一直觉得有话就要直说，不需要拐弯抹角，可他所说的直话却是出口伤人的"毒舌"话。有一次，公司安排他负责面试新人，结果因为他的"毒舌"，一名面试者差点跟他打起来。

事情的经过是这样的：经过 HR 初选，公司打算录用一名重点大学毕业的应届生。就在面试快结束的时候，杨硕的一句话却引起了风波——他看着那名应届生说："你长得这么对不起观众，出门之前怎么就不好好打扮一下呢？"

应届生一愣，没明白这话的意思，问道："您是说今天我的穿着不对吗？来之前我特意换了这身西装！"

杨硕调侃道："不是你的着装有问题，而是你的头发太长了，说话的时候还摇头晃脑的，看起来就像猪八戒一样，你知道吗？"

听了这话，应届生很生气："你说谁像猪八戒，会不会说话呀？我的头发长影响工作吗？我摇头是因为昨天睡觉落枕了，有点难受，这也影响工作吗？"他一边说，一边朝杨硕走过去，一副气势汹汹的样子。

杨硕也不甘示弱地说："难道不是吗？我是为你好才说的，难道你还想动手？"眼看事情就要闹大了，同事们赶紧制止了杨硕。接着，一名同事转过身向应届生道歉，说杨硕今天心情不

好，希望他能原谅杨硕，不要计较这件事。

没想到应届生挥了挥手，直接走了出去。走到门口，他又转头说："你们公司有这种不会说话的人，能有多大的发展呢？我不来上班也罢，告辞！"

看着对方离去的背影，同事们尴尬得不知道说什么好。

是的，有时语言的伤害超过肉体的伤害，说出去的话就如同泼出去的水，只要给他人造成了伤害，就不可能再挽回了。

在与他人交流时，应该注意口德，不说伤人的话。这不仅是嘴上积德，还能让我们在与人相处时获得被尊重、被照顾的愉悦感。

那些会说话的人都很注重自己的表达，他们绝不会轻易地说出伤害别人的话。在与他人相处的过程中，他们总能掌握好分寸，说出的话让人听着舒服、暖心。要知道，好听的话让人如沐春风，而难听的话则会让人伤心难过。

在他人还不了解你的情况下，只能通过言行举止、容貌着装对你做出一个基本的评价。当发现你是一个恶语连篇的人，对方自然会降低对你的好感度。

良好的印象在人际交往中起着至关重要的作用，为了让自己给他人留下好印象，就要养成良好的沟通习惯，不要总说尖酸刻薄的话。

苏羽和女朋友小新又闹矛盾了，他就找了小新也熟悉的共同朋友赵亮来诉苦。两个人坐在咖啡厅里沉默地喝着咖啡，赵亮一时也不知道该怎么帮苏羽解决问题。

经过赵亮的再三追问，苏羽终于说出了事情的原委。原来，小新是一个说话尖酸刻薄的人，苏羽说他忍了她3年，以为她会有所好转，可没想到到现在她还是老样子，这让他很是失望。

前两天，小新带苏羽回家见父母。吃饭的时候，小新的父母问苏羽打算什么时候结婚。苏羽正要回答，小新抢先说道："他就是个没出息的人，毕业几年了还买不起房子，结婚的事还早着呢！"

小新的妈妈说："你们都还年轻，只要肯努力，一切都会有的！"

没想到小新又抢着说："他呀，这辈子都不会有什么大出息，唉，当时我可能是瞎了眼才会看上他吧！"

小新的爸爸看出苏羽有些难过，朝女儿使了个眼色，示意她适可而止，不要再说话了。可小新不管不顾地继续说了很多伤人的话，这些话让苏羽觉得非常挫败。

听到这里，赵亮也觉得是小新做错了，就劝她："苏羽这个人其实很努力的，现在就是缺个好机会。如果你还想跟苏羽在一起，一定要改掉这个坏毛病！"

很多人不知道，恶言恶语的杀伤力远胜过拳头。因为拳头只能打在人的肉体上，但疼痛感很快就会消失；而恶言恶语却能伤害对方的心灵，让人久久不能释怀。

我发现，说话尖酸刻薄的人通常反应也快，他们善于抓住别人语言中存在的逻辑漏洞，然后揪着对方的漏洞不放，一两句话就能把对方气得牙根痒痒。

如果你也有说话尖酸刻薄的坏毛病，一定要及时改正。否则，你身边的朋友会觉得你缺乏同情心，是一个不值得交往的人。

试想，如果别人那么说你，你是不是也会觉得不高兴？

那么，如何改正说话尖酸刻薄的坏毛病呢？可参考以下几种方法：

一、说话前要精心组织语言

说话尖酸刻薄的人在说话前常常不加思考，想到什么就说什么。如果想改掉这个坏习惯，在说话前就要认真思考，精心组织自己的语言。比如，要思考你说的话会不会伤害对方的自尊心，对方听了你的话后会是什么感受。

二、向身边的说话高手学习

会沟通的人都是说话高手，你要多跟他们接触，听听他们是如何与人沟通的。通过揣摩他们的表达技巧、说话思路、用词特点，消化、吸收他们的沟通技巧，并积极地向他们请教。

三、学会及时道歉

如果你的话已经伤害到了别人，要及时向对方道歉——要记住，真诚的道歉能得到别人的原谅。只有及时道歉，获得对方的原谅，重新调整说话方式，你们的沟通才能愉快进行。

在当今社会中，好口才对人们来说无比重要，可以说，几乎每天我们都要与人交流，任何时候都离不开它。

有效的沟通能让你事半功倍，所以，你必须要改掉说话尖酸刻薄的坏毛病！

➤ 别当"隐私小偷"

在与他人沟通时，我们都希望彼此能认同对方的观点，这样的沟通才能有所收获，才能称之为有效沟通。

想要取得这样的沟通效果，我们不仅要养成良好的沟通习惯，还要避免坏习惯的形成，其中一点就是：不要窥探他人的隐私。

一般来说，年龄、收入、家庭状况、情感婚姻等都属于隐私的范畴，因为它们构成了一个人的生活空间，在一定范围内囊括

了一个人不为他人所知的秘密。如果未经过他人允许就去触碰这些话题，是一种很不礼貌的行为。

潘鸿是一家文化公司的经理，平日里大家都说她是一位关心员工的好经理。

有一次，一名新员工小语向潘鸿请假："潘经理，我有些不舒服，想明天请假去医院检查一下，希望您能批准。"

潘鸿关心地问："严重吗？要不要现在就去医院看看？请病假我当然会批准，你放心去吧！"

小语好奇地问："您不问我生的是什么病吗？"

潘鸿挥挥手说："你不告诉我肯定有你的难言之隐，我为什么要主动问呢，对吧？"

后来，小语告诉潘鸿，其实当时自己担心得了乳腺癌，当着同事们的面不好意思明说才故意隐瞒的。不过，幸好只是虚惊一场，检查结果显示一切正常。

那天，小语感激地对潘鸿说："谢谢您当时没有追问我为什么要去医院看病，我一直很担心同事们知道后会在背后议论我。"

潘鸿拍了拍小语的肩膀，安慰道："每个人都应该尊重别人的隐私，没事，你别放在心上！"

每个人都有自己的秘密，只有学会尊重他人的隐私，才能赢得他人的尊重。

在任何情况下，不该问的话不要问，不该说的话不要说，这样别人才会觉得你是一个懂礼貌、有涵养的人。毕竟，一个人的隐私只是他个人的事，与你一点关系也没有，没义务非得告诉你。

在与他人交流时，如果你毫不知趣，抱着一副打破砂锅问到底的态度非要对方回答，这只会让对方感到难为情，觉得你欺人太甚。

安迪和同事李霞的关系不错，她们俩每天都一起上下班，周末还经常相约喝咖啡、看电影。可交往一段时间后，安迪发现李霞有个缺点，就是特别爱打听别人的隐私。

起初，安迪并不提防李霞，对于她问的各种问题都毫无戒心地告诉了她。诸如，自己之所以出来上班，是因为与老公离婚了，没有经济来源；自己是研究生学历，平时下班后还写文章投稿挣钱等掏心窝子的话。

后来，安迪发现同事开始在背后对自己指指点点，说什么研究生毕业又怎样，还不是照样来公司上班之类的话。

安迪知道同事们说的是她，而她的经历只有李霞知道——很明显，是李霞套取了自己的隐私，接着又转述给了其他同事。

一向自尊心很强的安迪感到了前所未有的难过，她终于明白李霞到底是个什么样的人了，从那以后，她再也不跟李霞亲近

了。就这样，因为泄露隐私，两个原本关系很好的朋友变成了陌路人。

所谓隐私，就是指我们不愿意让别人知道的事。尤其是在职场、社会交往等公众场合，一旦自己的隐私被曝光，将会使自己下不了台，也不好意思跟别人进一步交流。

人活一张脸，树活一张皮。在人际交往中，揭露他人的隐私是一种让对方失去自尊的行为，也是我们应该避免的沟通习惯。

如果在生活中遇到了追问隐私的人，你可以用以下的方法来应对：

一、控制话语权

一般爱揪着你隐私不放的人，大多是想从你身上套取一些花边新闻。面对这样的人，你要明白他说话的用意，不能被他牵着鼻子走，该反击的时候一定要坚决反击。

你可以这样回答："你总是追问我的隐私干吗？我就是告诉你了，我也上不了头条。"或者直接告诉他："你是在调查我吗？这是居委会大妈干的活儿，你就别瞎操心了。"对方见你的态度或调侃，或强硬，就知道你是一个不好惹的人，自然不会再问东问西。

二、反问对方的隐私

反问是一种具有攻击性的疑问方式，只要你运用得好，就能起到很大的作用。当别人追问你的隐私问题时，你可以告诉对方一个对你没有任何威胁的小秘密。接着，你再问一个关于对方的秘密。

如果对方拒绝回答，你可以说："刚才我问的问题你没听清楚吗？怎么不回答呢？既然你不愿意回答，那以后我的事你也不要多问。"

这样一来，对方知道你是一个有脾气的人，以后就不会追问你的隐私了。

三、保持沉默，不做无谓的辩解

与人交流，最重要的就是互相尊重，在这个过程中，如果对方总是追问你的隐私，你可以选择保持沉默，通过不回应对方的方式来化解他的好奇心，这样对方就会自讨没趣地闭上嘴巴。

当然，在与他人交往的过程中，我们自己得养成好的沟通习惯，不去窥探、挖掘他人的隐私。

在沟通时，你可以让话题在脑海里停留一段时间，想一想自己的话会不会给对方带来困扰、有没有更好的沟通方式。如果有，就要用让对方觉得舒适的方式去交流，只有彼此留下好印象，才能进一步沟通。

第三章

如何说，对方才肯听；
如何听，对方才肯说

　　要想学会表达，首先得学会倾听。在倾听的基础上多思考、多总结，时间久了，你的沟通水平自然能有所提高。不管遇到任何人，你都能与他愉快地交流。

▶ 倾听的最好方式是"我理解你现在的心情"

与人交谈，不外乎"听"和"说"——其中，倾听属于有效沟通的必要部分，如果你想与他人谈话顺畅，就必须学会倾听。

什么是倾听？狭义方面的倾听是指凭借听觉器官接受语言信息，进而通过思维活动达到认知、理解的全过程；广义方面的倾听则包括文字交流等方式。倾听的主体是听者，而倾诉的主体是说者，两者一唱一和，有排解矛盾或者宣泄感情等优点。

心理学上说的倾听是在接纳的基础上积极地听、认真地听、关注地听，并在倾听时适度参与。

倾听是个体心理咨询技术常用的参与性技术之一，常常被心理咨询师广泛运用。而在现实生活中，我们都希望与人谈论自己，让别人了解自己，而不愿意倾听对方说了什么。

其实，倾听也是一种能力，善于倾听者能给人留下好印象，而且只有学会倾听，才能在别人释放自己的心情时，收集我们想要的信息。

可以说，无论在什么情况下，倾听都十分重要。比如，只有倾听父母的唠叨，才能了解他们的烦恼，知道他们在想什么；只

有倾听领导的话，才能知道工作重点是什么，我们需要提高和加强哪些能力。

倾听不仅是对别人的一种尊重，还是解决问题的一种方法。

安妮性格活泼开朗，按道理说，她应该有很多朋友，实际上正好相反，她的朋友特别少。为此，安妮深感自卑，于是在大二的时候她加入了学校的演讲协会。

安妮以为加入演讲协会就能多认识一些朋友，可是两个月过去了，别的同学都三五成群地聊个没完，只有她一个人孤单地坐在角落里，像一朵凋零的花。她不知道问题出在哪里——自己明明能说会道，为什么身边的人都不愿意跟自己交朋友呢？

有一天，安妮把自己的苦闷一股脑地告诉了会长。经过会长的一番分析，她才明白问题出在了哪里。原来，她有个爱插话的坏毛病，所以大家都不爱跟她聊天。

明白自己的症结所在后，再跟别人交流时安妮改变了谈话方式，她不再过多地向别人灌输自己的人生理念，而是认真听别人讲述，在适当的时候分享自己的生活经历和心得体会。

时间久了，她果然交到了很多朋友，还成了别人口中的知心姐姐，大家都说跟她相处就像清风拂面般美好舒服。

在人际交往中，倾听是我们必须掌握的一项基本能力。只有先听懂他人在讲什么，我们才能做出相应的回应。如果只听到一半，就按照自己的思路回复，甚至自私地讲话而不愿倾听对方说话，那么，这场谈话就失去了它本来的意义。

要知道，如果你没有认真倾听对方的发言，只是沉浸在自己的世界里不做一点回馈，那么对方跟你讲话的欲望也会瞬间消失。

由此可见，倾听是对他人的一种尊重。要知道，他人向你倾诉是出于对你的信任。倾诉者把心里话说出来只是想让负面情绪得以排遣，让压力得以释放，他们不一定需要你提出什么建议，对于他们来说，你只要能认真倾听就足够了。

那么，培养倾听的能力，仅仅是竖起耳朵听吗？当然没有这么简单，我们先来看一看简辉的故事。

有一次，简辉和朋友去一家餐厅吃饭，他点了几个菜和一份汤。很快，服务员就把菜上齐了。简辉看了一眼汤盆，把服务员叫过来，说："对不起，这汤我没法喝。"

服务员以为汤的味道有问题，立即表示重新给他上一份新的。汤再次上来后，简辉还是对服务员说："对不起，这汤我没法喝。"

服务员一时不知道如何应对，只好把经理叫过来。经理对简辉说："先生，这种汤是我们店的招牌菜之一，深受顾客的欢

迎，你怎么会觉得没法喝呢？"

简辉无奈地回答："只有汤，没有汤勺，我怎么喝呢？"

简辉说汤无法喝有两方面的意思，一方面可以理解为汤的味道有问题，影响了一个人的食欲，所以无法喝下去；另一方面可以理解为只有汤而没有喝汤的工具，所以无法喝。

服务员没有问清楚简辉的真实意思，就按自己的想法去理解——以为汤有问题，所以给简辉换了一次汤，但这没有解决根本问题。其实，简辉只是想表达"汤是有了，那么汤勺在哪儿呢"，服务员就是因为没有认真倾听才闹出了笑话。

因此，与他人交流的时候不只是竖起耳朵听这么简单，还要学会分析对方话语背后的意思，尤其是那些含有歧义的话。

当然，也许你也知道一些倾听技巧，比如，当别人没有说完话的时候，不要轻易妄加评论，不要急于表达自己的想法，这样只会给人留下肤浅的印象。

在倾听的过程中，掌握一定的技巧对我们来说很重要。他人说的时候不要去想下一步自己该说什么，或者寻找一个空隙让自己能"插话"，而是要集中注意力关注对方所说的内容。

具体来说，以下几点技巧值得我们学习：

一、注意听对方说了什么

在倾听他人说话的时候，要学会收集信息，哪些是重点，哪些可以忽略，你心里要有数。而且，在倾听的过程中要先暂时接受对方的观点，不要有太多自己的想法，交谈结束后可以问自己："他到底打算告诉我什么呢？"

二、总结说话者的个人特质

在说话时，每个人都有一些特别的肢体动作。比如，说话的时候喜欢笑或者用手指敲打桌面等。通过总结说话者的个人特征，能了解他们在乎哪类话题，在叙述过程中有着怎样的情感诉求。

每个人的说话内容和方式都不一样，这要求在倾听的过程中，我们要学会思考和总结。当他人需要回馈的时候，我们才能快速地做出回应。

要想学会表达，首先得学会倾听。在倾听的基础上多思考、多总结，时间久了，沟通水平自然能有所提高。不管遇到任何人，你都能与他愉快地交流。

▶ 会聊天不等于"会沟通"

众所周知，现代社会是一个高速发展的社会，不管从事什么职业，你都需要与人接触，因此学会沟通非常有必要。有时候，

沟通的好坏能决定一件事情的成败，但是，很多人通常有这样的认知误区——认为沟通就只是聊天而已。

沟通真的只是所谓的聊天吗？如果你这样想，那就大错特错了。

周莉在一家新媒体公司上班，负责运营公司的微信公众号。自从上班以来，周莉的工作经常出问题，她总是将宣传内容排得密密麻麻，导致图片和文字看起来很不协调。

同事们向经理反映过好几次了，经理也说过周莉几次，可周莉依然没有改正，于是，经理就让周莉向之前负责宣传工作的陈瑜请教，并交流一下工作心得。

周莉和陈瑜聊了一个多小时，经理本以为周莉应该有所收获了，可没想到第二天，她的排版还是有一大堆问题。

经理生气地说："你不是找陈瑜沟通过了吗？怎么排版还有这么多问题？你到底跟她沟通了什么？"

周莉郁闷地说："我跟她聊了很多内容，比如她的工作情况、所学专业等！"

经理问："你没有向她请教如何运营微信公众号吗？"

周莉回答："哦！我忘记问了！"

听到这话，经理更生气了："现在你就拿着笔记本重新去找陈瑜请教，把你存在的问题好好跟她说说。记住，要带着问题去沟通，明白了吗？"

周莉这才知道，原来沟通是有讲究的，并不只是随意地聊聊天这么简单。

是的，沟通并不只是聊天而已！它需要交流的双方就某个问题展开具体的讨论，最后得出一个结论。

简单地说，聊天与沟通不是一回事。心理学家经过研究表明，在沟通中，一个人的身体语言占 55%，声音占 38%，而说话内容只占 7%。这说明，要想取得好的沟通效果，重要的不是你说的内容，而是你传达给对方的感觉。

很多时候，你说得很有道理，但你采取的是批评教育的态度，这会让对方觉得你和他不是在平等地交流，对方也就不会把你说的话放在心上。所以，沟通并不是简单的聊天而已，还需要掌握一定的知识和技巧。

徐华是一家公司的负责人，他正在处理文件时，一个小伙子走进了他的办公室。小伙子热情地说："经理您好，我叫阿亮，是一名大学生。我想趁着假期锻炼一下自己，同时也想给自己挣点零花钱。我可以打扰您几分钟吗？"

徐华放下手里的工作，回答说可以。

于是，阿亮从双肩背包里掏出一瓶洗发液，介绍说："这款洗发液市场价是 60 元，现在做活动只要 30 元。您先看看成分介

绍，有需要的话就买一瓶吧。"

徐华有意帮助对方一下，接过话说："能不能便宜点，如果两瓶能卖 50 元，我就买下了。"

阿亮摇摇头，说："不行，这个价格已经是最低的了。您就买两瓶吧，现在买很划算的。"

徐华说："既然不能再优惠了，那就算了吧，我本来也不是很需要这两瓶洗发液。"

阿亮这下着急了，又掏出一支牙膏，说："经理，平时您用什么牌子的牙膏呢？您用的牙膏肯定没有我推销的这款好，我卖的是无氟牙膏，采用……"

徐华已经不想再听他讲下去了："不用讲了，你走吧。"

阿亮看出无论自己说什么，徐华都不会买自己的产品，只好失望地离开了。

故事中的阿亮本来能推销出去两瓶洗发液，却因为在价格方面没谈好又转移了话题，才失去了一笔本应到手的单子。说到底，这都是因为他没有掌握沟通技巧，认为沟通就只是跟别人聊天，说出自己想说的话。

其实，沟通不等于聊天，聊天只是表达一个观点，而沟通还需要你用合适的方式表达自己的观点，并且能让对方接受你的观点，最终达成你的目的。比如，销售产品的过程就是沟通的过程，如果你跟顾客沟通顺畅，顾客自然会购买你的产品。

怎么做才能杜绝简单的聊天，并达到良好的沟通效果呢？我们可以从以下几个方面来思考：

一、营造良好的沟通范围

环境能改变一个人的心情，同理，沟通氛围也能影响一个人的决定。如果想达到好的沟通效果，就要用热情的语言营造一个好的氛围，让对方觉得你很亲切，从而吸引对方关注你，以便为接下来的沟通打下基础。

二、聊对方在乎的话题

沟通不是一个人的独角戏，它需要双方都要参与其中。因此，在与他人沟通时，要学会停下来，并关注对方所在乎的内容——只有解决对方在乎的问题，才能进一步实现有效沟通。

三、不要总与对方辩论

每个人都有自己的观点，都希望别人尊重和理解自己的观点。不管别人说什么，如果你总是持反对意见跟他们争论不休，到最后即使你赢了，对方也顶多只是口服心不服而已。

如果你有不同意见，可以尝试用委婉的方式提出来，但不能抱着必须争个输赢的想法去说个没完，这样做很容易引起对方的反感。

在现实生活中，每个人都会说话，但这并不代表每个人都会

沟通。当你发现自己的沟通效果不理想时，要反思一下自己的沟通是否出了问题。

当你改变"沟通就是聊天"这个错误的想法后，我相信你会有不一样的收获。

▶ 口才好的人就一定会沟通吗

大多数人都认为，口才好的人沟通能力一定也很好。其实，这不是绝对的，口才好只能说明这个人擅长表达自己的观点，但并不代表他一定会沟通。

沟通，是为了一个特定的目标，把信息、思想和情感在个人或群体间传递，并且达成共识的过程。它包括语言沟通和非语言沟通，语言沟通又包括口头语言和书面语言。

通常来说，口才好是形容一个人能言善辩，具有很强的口头表达能力。口才好为沟通提供了一定的基础，但沟通并不只是说说话那么简单。

会沟通，是指一个人能把自己的话准确地传达给对方，与对方进行很好的交流。它是建立在一个目标上的谈话，需要运用相关知识和技巧才能完成的一种说话艺术。

有时候，你会发现口才好的人平时在生活中通常能说会道，可一旦要在开会时发言，或者代表公司与其他公司进行谈判时，他们就变得不像私底下那样能说会道了，甚至说话语无伦次、说不到重点，让别人觉得不知所云，达不到应有的沟通效果。

冯佳听说《我不是药神》这部电影很火，她就在美团上买了两张电影票，邀请好朋友一起去看。

等到了电影院后，冯佳才发现自己的手机没电了。可工作人员告诉她，由于她是在手机上买的电影票，所以她只能在大厅的自助打印机上通过手机扫码把电影票打出来。

冯佳一听就急了："你们的电脑上应该有记录的，我告诉你我的手机号码，你查一下就能证明我没说谎。"

工作人员解释说："抱歉，我们这里查不了，您可以拨打美团客服的电话查询。"

冯佳火气很大地说："就是因为我的手机没电了，才找你帮忙处理的。电影还有 5 分钟就要开始了，难道你就不能想想办法吗？"

工作人员不再理会冯佳。冯佳有些急了，就跟工作人员争吵了起来。

正吵得面红耳赤时，冯佳的朋友站了出来，笑着对工作人员说："你好，我的朋友真的在网上买了电影票，只是现在她的手

机没电了，你可以借充电宝给她使用一下吗？我们把电影票打印出来后就还你，先谢谢了！"

工作人员不再跟冯佳争执，爽快地把充电宝借给了冯佳。电影票很快就打印了出来，一场争吵就这样被冯佳的朋友机智地化解了。

这个故事说明：沟通不是要在嘴上跟别人争输赢，而是要向对方简明扼要地阐述自己的想法并化解矛盾。也就是说，口才好只是一方面，我们还需要将好口才用在沟通上。

合适的语言能够起到四两拨千斤、一句顶一万句的沟通效果；不合适的语言则会让别人听着难受，觉得与你说一句话都是在浪费时间。

口才好的人通常词汇量丰富并且知书识礼，能够讲出很多令人信服的道理。

不过，有些口才好的人并不知道真正的沟通需要的是什么，怎样组织语言才能产生理想的沟通效果。所以说，沟通是需要掌握一定方法的。

王润的口才很好，他自认为自己能说会道的，直到有一次他和刘全去一家洗浴中心洗澡时，发生的一件事才彻底改变了他的认知。

那天，他们一进门就对前台的服务员说，不需要为他们提供额外的服务。可等他们洗完澡出来后，发现皮鞋被擦得一尘不染，而且服务员还让他们付20元擦鞋费用，这让他们感到很生气。

王润对服务员说："我们事先说了不需要额外服务，你们擅自做主擦了鞋，还要我们付费用，天底下哪有这样的道理？"

服务员不紧不慢地回答："先生，现在所有的洗浴中心都是这样的，有偿为顾客擦鞋并不只有我们是这样的。"

王润听后，发火道："你们这不是强制消费吗？把你们经理叫来，明明是你们不对，还说得这么振振有词。"

过了一会儿，经理来了。

王润整理了一下自己的思路，跟经理开始辩论起来。可不管他怎么讲道理，经理一口咬定这是他们店不成文的规矩，擦鞋的费用必须由顾客承担。

正当他俩吵得不可开交的时候，刘全走到经理面前说："经理你好，我们来你们这里消费就是看中了你们家的服务，你们店里并没有'有偿为顾客擦鞋'的提示牌，既然没有，现在你们坚持让我们付费那就属于商业欺诈。现在我们可以付钱，也可以打'12315'消费者热线，让执法人员来处理。"

听到这话后，经理瞬间闭上了嘴。他想了一下，说："那这样吧，刚才是服务员错了，鞋就当是免费为你们擦了，费用就不用付了，好吗？希望你们玩得开心，下次再来照顾生意！"

王润没想到刘全简单地说了几句话就解决了问题，他想了很

久才明白过来，原来自己只是擅长讲道理，却不擅长与人沟通。

由此可见，口才好只能说明你会说话，但讲道理并不是对每个人都有用的。沟通需要面对各种各样的人，需要用对方能理解的方式去交流，从而与对方达成共识，使彼此间的利益都得到保障。

有成果、有收获的交流才是沟通，如果你不擅长沟通，可以尝试使用下面介绍的两种方法：

一、学会倾听

善于表达的人，通常喜欢把自己所掌握的知识全部讲给对方听——他们自认为学富五车，不管对方说什么，自己都能说服对方，并取得好的沟通效果。

其实，这样的想法是错误的。事实证明，沟通的时候，别人往往很反感你用说教的方式与之交流。

如果你自认为是个口才好的人，那么你得注意了，与他人沟通的时候不能一直说个没完，而是要学会停下来倾听对方的说话内容，根据对方所言再采取相应的回答。

二、学会就事论事

沟通的时候要就事论事，不能带着情绪从这件事说到另外一件事。否则，对方会认为你是在挑衅，从而对你产生厌烦情绪。

我们要明白，沟通是一门艺术，它与交流双方的学识、经历、性格等因素有关，而要想取得好的沟通效果，需要讲究一定的方式方法。

如果你只是口才好，天南地北与他人胡侃是无法实现有效沟通的，你要明白，擅长表达不等于擅长沟通。

▶ 如何说，对方才肯听；如何听，对方才肯说

"话不投机半句多"，这句话常用来形容两个人说话不在一个频道上，沟通的一方不管多想表达自己的想法，另一方都不愿意继续听下去。

沟通是双向的，如果彼此的话题不统一，勉强交流只会让双方都陷入不愉快的状态中。

沟通是人与人之间、人与群体之间思想感情传递和反馈的过程，是交流双方表达观点和接纳观点的桥梁。

由于有效沟通是建立在别人愿意听的基础上的，如果你说的话对方根本不愿意花时间去听，即使你说得特别精彩也是白费工夫。所以，让他人愿意听你说话，才是决定你能与对方顺利沟通的关键。

　　每天下班回到家，可可都会看到老公坐在电脑桌前打游戏。有一次，她想试试老公还爱不爱自己，就故意说："老公，明天我们去把房子卖了吧！"

　　老公不假思索地说："那很好啊，恭喜你！"

　　听到这话，可可生气极了："你听见我说什么了吗？"

　　老公含糊地回答说没听清，接着又玩起了游戏。可可气得脸都紫了，愤怒地说："你就跟游戏过一辈子吧，明天咱俩就离婚！"

　　老公打游戏正打到了激烈处，他头也不抬地喊道："好，就这么办！杀啊！"

　　显然，可可和老公的沟通是失败的。可可本想跟老公聊聊天，可老公根本没有用心听她说话，只是敷衍地回复了她，最终他们的谈话不欢而散，这场沟通也没有取得可可想要的效果。

　　在与他人的实际沟通中，只有当对方对你的话题感兴趣时，他才会放下手里的事情集中精力听你讲下去，你们的沟通才有可能取得良好的效果。否则，你只是在做无用功，浪费彼此的时间而已。

　　大学毕业后，安颖应聘到一家销售公司，当了一名净水机销售员。刚开始，她满怀信心地到小区每一栋楼里上门推销。

公司给安颖的基本工资是每个月 2000 元，每推销出去一台净水机就有 100 元的提成。安颖在心里暗自盘算：如果每天自己都推销出去一台净水机，一个月就有 3000 元的提成，再加上基本工资，每个月到手的工资就有 5000 元，能养活自己了。

这样想着，安颖高兴坏了，她暗自下定决心，一定要做好这份工作。可是天不遂人愿，事实完全出乎她的预料。

工作两周了，安颖的推销没有一点效果。每次她敲开住户的门，介绍产品的话还没说完，住户就会直接打断她，然后"砰"的一声关上防盗门。

连续多次被拒绝后，安颖的自信心马上瓦解了，她找到经理抱怨，说净水机不好推销，想辞职。

经理看着她，认真地说："销售是一件很锻炼人的事，你之所以觉得推销净水机很难，是因为你跟别人的沟通存在问题。你一开口就让人听出来你是在推销产品，这样自然会引起别人的反感，不愿意再听你说下去。"

看安颖听得认真，经理就告诉了她推销的诀窍："只有让别人一直听你说下去，你才有成功的可能。"

安颖听后认真思考了一番，她决定从头再来。这一次，她敲开门后没有立即推销产品，而是跟户主聊起了天。她对一个女户主说："姐姐你好，我可以打扰你几分钟做一个调查访问吗？"

女户主点了点头，安颖接着问："请问你们家做饭是用自

来水还是用净水机过滤后的水呢？"对方回答用净水机过滤后的水。

接着，安颖便跟女户主亲切地聊起了各种净水机的专业知识，最后还说刚好自己手里有一款最新的净水机，可以推荐给她试用一下。

女户主开心地接纳了她的建议，并说自己家买的净水机挺好用，近期她打算再买一台送给闺密。

安颖没想到经理的办法竟然奏效了，通过跟住户聊天就推销出了一台净水机！这件事也让她明白了一个道理：沟通最重要的是让对方愿意听自己说话，这样大家才能继续交流下去。

故事中的安颖之所以一开始会被客户拒绝，是因为她没有掌握沟通技巧。当她改变了沟通方式后，就成功地推销出去了产品，达到了自己的目的。

可以说，这一切都归功于安颖选择的话题——因为女户主对安颖说的话题很感兴趣，她们才能就这个话题聊下去，最后女户主才愿意接受安颖提出的建议。

沟通的目的是要让对方明白你的想法，并最终达成共识。这也提醒我们：要想取得好的沟通效果，首先要让对方对你说的话产生兴趣，能够听得进去你到底在说什么。

那么，如何沟通别人才会愿意听呢？

一、要尊重对方

在与他人交流的时候，要表达出自己对对方的尊重——只有先尊重对方，对方才会尊重你。

具体来说，就是要礼貌地称呼对方，用真诚友好的态度跟他交流，而不是摆出一副盛气凌人、高高在上的姿态。后者只会让对方迅速地远离你，你们之间也就不可能实现有效沟通。

二、说有价值的话

时间是宝贵的，所以，在与人交流的时候我们要说出重点——对方感兴趣或觉得有价值的话。

在与他人沟通的时候，我们一定要对自己说的话负责。说话之前，你要学会思考自己说的话是否能给对方带来相关利益，如果有就说，如果没有就选择沉默，绝不能说没有价值的话。

三、说对方关心的话题

在销售产品的过程中，销售员会针对不同的顾客说不同的话题，他们明白每个顾客关心的内容是不一样的。

同理，在与他人沟通时，我们也要学会关注每个人的兴趣点。要知道，只有说出对方感兴趣的话题，你才能在短时间内跟对方产生知己感，达到情感共鸣的效果。

四、说出让对方信任的话

每个人都希望能被别人信任，沟通也只有建立在信任的基础上才能有好的效果。

在与他人沟通的过程中，你只有抱着真诚的态度，说出让对方觉得能信任你的话，最终你们才有可能最终达到沟通的效果。否则，你说的话即使再有道理、再有意义，对方也不会产生兴趣。

总体来说，沟通是传递信息、知识、意见的过程，是需要交流双方都积极参与进来的过程。

要想实现自己的沟通效果，我们就一定要先从让对方愿意听我们讲话开始下手，不要只顾自己讲得畅快而忘了沟通的目的。

➤ 聊天时，别把人聊跑了

在工作中，每天我们都要跟同事、领导以及客户说话。在家庭中，每天我们都要跟家人进行交流。

可以说，沟通无时无刻不在。如果你有良好的沟通能力，就能将工作、家庭问题处理得井井有条，让自己拥有美好的人生。

有人说，沟通只是说话而已，不用花时间去学习。这种说法显然是不对的，俗话说"一言可以兴邦，一言可以丧邦"，就说明了会沟通是一件很了不起的事。

沟通，通常是交流双方通过口头或者书面的形式进行谈话，让一方理解和认同另一方的观点，从而互相配合，真诚友好地合作，达到双方都满意的结果。

但在实际沟通中，常常会出现这样的情况：交流的一方不管怎样说，对方就是不同意他所说的观点，甚至想要全盘否定他的观点。最后，双方都不愿让步，使谈话陷入了尴尬的局面。

小梁买了一件很漂亮的风衣，同事陈英看见后对她说："你这件衣服真漂亮，在哪儿买的，一定很贵吧？"

小梁没有回答，让陈英自己猜。

陈英知道小梁平时买衣服的价位都是在 300 元左右，本来她想按照心里的想法直接说出来，但一想到说出来肯定会让谈话的气氛陷入尴尬的局面中，于是她这样回答："这件衣服看起来做工不错，应该在 500 元以上吧？"

小梁听后笑开了花："其实，这件衣服才 200 元。"

陈英听后，对小梁竖起了大拇指："你真会砍价，下次买衣服我们一起去，你帮我砍价行吗？"

小梁笑着回答说没问题。从此以后，她俩有了更多的共同话题，还成了无话不谈的好朋友。

故事中的陈英是一个懂得沟通的人，她知道，如果自己直接说"你的衣服价格也就 300 元左右"，小梁听后可能也只是点点头而已。当她故意把衣服的价格说高，结果就不一样了——这么

做不仅可以让小梁觉得自己很有眼光，买了好看的衣服，同时还无意间说明小梁是一个会砍价的人。

陈英这样说话不是虚假，而是一种捧场，是一种被大家喜欢的说话方式。

心理学家经过研究发现，我们每个人都有虚荣心，都希望得到别人的认可和夸奖。当你说的话让对方觉得高兴时，对方自然愿意与你交流。当你说的话让对方觉得难堪或者觉得你说话没有水平，那他肯定不会对你有好感，更不愿意与你继续交谈。

下面我们拿称呼来举例。当你看到一个 20 岁左右的女孩子，你叫她姐姐她会不高兴的，她会生气地说："我有那么老吗？你会不会说话啊？"

当你管一个 50 岁的阿姨叫姐姐时，虽然对方可能会说"我哪有那么年轻呀"，但是她心里会觉得很高兴，因为"姐姐"这个称呼让她觉得自己还很年轻，她听到后会对你产生好感，接下来你想说什么她都会洗耳恭听。

可见，与人沟通是一门艺术。沟通得好，就能有一个满意的局面；沟通得不好，就会出现大家都不愿意看到的尴尬局面。

陈嫣是个神经大条的人，说话常常口无遮拦，朋友们都说她在与人沟通方面存在很多问题，希望她能重视并及时改正。

有一次，陈嫣去相亲，可她没说两句话就把相亲对象气走了。原来，陈嫣见了男方就直接问："你有房、有车吗？现在每个月的工资是多少呢？"

男方回答说，自己只有一套房，没有车，工资也不是太高。陈嫣又说："你都 30 岁了，工资不高能养活我吗？我可不想结婚后过苦日子！"

男方听后站了起来，歉意地对陈嫣说："对不起，我还有点事，我先走了。"

陈嫣相亲失败后心情很低落，她将事情的原委告诉了闺密。闺密听后笑着说："相亲失败是因为你一开口就出了问题——你说话那么直接，对方怎么会愿意继续跟你交流呢？"

陈嫣这才恍然大悟，原来是自己说话没分寸，让对方误以为自己是个拜金女。

其实，陈嫣完全没必要当场就问对方有房子、车子这种现实的问题，只是当时她不知道说什么，所以才随便问了几个问题，没想到弄巧成拙，亲手毁了一场相亲。

与人交流，谈话双方都希望有一个好的结果。然而，现实生活中，与人沟通会遇到各种意想不到的情况，很多时候并不是你想改变僵持的气氛就能轻易改变的。

有效的沟通，需要我们在平时的生活中养成好习惯，积累多

方面的知识，还要具备较强的口语表达能力以及临场发挥能力。

如何才能做一个沟通达人呢？我们可以学习一下下面关于沟通方面的知识：

一、表达自己独特的看法

在与他人谈话时，我们都喜欢听实际又有效的观点，如果你没有独特的看法，对方是不会对你另眼相看的。相反，当你能够勇敢地说出自己的观点后，对方会觉得你很有主见，愿意继续与你交流。这样一来，你们的沟通自然就不会陷入到尴尬的局面。

二、表达自己的真实感受

在与他人沟通的过程中，有时候我们会因为面子等问题含糊地表达自己的观点。这样的沟通，很容易让对方觉得跟你没有共同话题，或者觉得你没有把他当朋友。当你坦诚地说出自己的真实感受时，他反而会觉得你是个感性的人，是一个值得信赖、能说知心话的人。

三、表达自己可行的方案

沟通是为了解决问题。当交流的气氛变得尴尬时，谈话的双方都不会获得满意的结果。这时候，一个切实可行的方案就能让对方放下之前的成见，重新思考问题的走向。

要想让沟通顺利进行，平时就要多学习、多思考、多交流，时间久了，我们就能掌握沟通这门艺术，变成社交达人。

一开口
就让人喜欢你

▶ 谁都讨厌"把天聊死"的人

每个人都会在生活中遇到困难，都有需要向人求助的时候。这就告诉我们，当他人遇到困难找我们帮忙的时候，我们不能把话说死，要给自己留点余地，因为，也许有一天我们也会找他们帮忙。

与人沟通也是这样，只有不把话说死，给双方留有回旋的余地，以后才有继续合作的可能。如果你说话不顾后果，双方的关系很容易因此而被毁掉，造成不可挽回的后果，这对沟通双方来说都是不利的。

姜萍下班回家看到小区门口有卖草莓的，她就想买几斤，但觉得草莓的价格有点贵，就问商贩能不能便宜点。

商贩不高兴地说："你买得起就买，买不起就别问了，别在这儿浪费我的时间。"

听到商贩这么说，姜萍觉得自尊心受到了伤害，当下反击道："顾客买东西当然要先讲好价钱再决定买不买，你这么说话不是侮辱人吗？"

商贩不耐烦地说："我这么说话怎么了？你买得起就买，买不起就不要讨价还价。"

姜萍生气地说："我本来打算多买几斤的，但是看你这种态度，以后我不会在你这里买东西！"说完，她就走了。

故事中的商贩就是因为把话说死了，才失去了潜在的顾客。

本来只是简单的讨价还价，只要商贩耐心地说这是小本生意不能再便宜了，姜萍也不会为难他。可他却说："买得起就买，买不起就不要讨价还价。"这句话让姜萍觉得受到了侮辱，自然不会买他的草莓了。

生活中的沟通达人绝不会像上面这个商贩一样，他们在与人说话时通常会留有余地，让人觉得与他们交流是一件愉快的事。

当然，面对自己没把握的事时，他们更不会把话说死，再三斟酌后，他们会用最合适的方式回答对方，从而避免不必要的误会。

小梅是一家酒店的前台服务员，有一回，何先生入住的时间到期了，他原本该在中午 12 点退房，但到了下午两点他还没有到前台办理退房手续。

酒店规定，如果要续住，需要再次交费，但何先生是老板的朋友，大家都不敢催他。大家知道小梅的口才好，就让她去跟何先生谈谈，问一问他是否需要续住。

以下是小梅和何先生的对话：

小梅："何先生，您好！"

何先生："你好，请问你是谁？有什么事吗？"

小梅："我是酒店前台的服务员。您是我们老板的朋友，老板说前几天您身体不舒服，现在好些了吗？需要给您买药吗？"

何先生："谢谢你的关心，已经好多了。"

小梅："听说昨晚您已经结账了，但是今天没有办理退房手续，这几天天气不好，是不是飞机的航班取消了？我们能为您做些什么吗？"

何先生："非常感谢，不用了。我原本是打算退房的，但临时有点事情要处理，我还要继续在这里住几天，一会儿我就去前台交费续住。"

小梅："何先生，您不要那么客气，有什么需要您尽管吩咐。那我先不打扰您休息了，再见！"

从这个故事中，我们能看得出小梅是一个很会说话的人，她跟何先生谈话的目的是要问清楚何先生是否续住。如果她直接问会让何先生面子上过不去，所以她就用了不把话说死的技巧跟何先生进行沟通——她先是礼貌地打招呼，接着关心何先生的身体健康，这让何先生心里很温暖，再下来又说明了何先生的入住情况，最后轻松地解决了问题。

小梅的沟通能力就体现了说话留有余地的魅力，这不仅不会

让人反感，而且还达到了自己的目的。

在与他人谈话时，怎样才能做到不把话说死呢？你可以从以下几个方面来考虑：

一、保持说话的尺度

哲学思想告诉我们，真理（通常指定理）只有在一定范围内才算是真理，超过一定的范围就会成为谬论。因此，在与人交流的时候，我们说话要讲究尺度，不能说得天花乱坠，否则会给人留下爱吹牛的印象。

二、尽量说有把握的话

事实证明，把话说死很容易引起别人的反感。

人们通常喜欢有逻辑、有依据、经得起推敲的话，因此，如果你对某件事没有把握，就不要妄自下定论，或者选择不说，或者用对方能够接受的方式来表达。比如，"智商高的人情商都很低"这句话就过于绝对，很容易让人产生反感。

如果你非要表达这个观点，可以这样说："有研究发现，智商高的人情商不一定高，甚至有的人智商很高，情商却很低。"这样的表述会让人觉得你说话可信，经得起推敲。

不把话说死，不仅给自己留了余地，还能促进双方进一步的交流。

三、不要说想当然的话

许多人讲话喜欢想当然地说，结果他们说的话因为脱离了真实的情况而惹人反感。他们常常用"我觉得""我以为""我想"来展开话题，殊不知，这样的话无论说得多好都只是个人的推测而已，一旦与对方预计的不一样，就很容易引起对方的不满。

遇到这种情况，要真诚地向对方表明自己也只是猜测，事情具体怎样做还得由对方来决定。在帮别人出主意、想办法的时候，我们可以这么说："我觉得这件事有更好的处理方法，当然，这只是我的个人观点，如果你觉得不可行，可以换另一种方法。"

要明白，在与他人沟通的时候，你说的每一句话都代表着个人形象。如果说话时不计后果，总是把话说死，只会让对方觉得你说话没水平，不值得花时间与你交流。

学会把话说得圆润，既是给自己机会，也是给别人机会。

▶ 情商高，就是说话让人觉得舒服

我们都喜欢与会沟通的人在一起，因为他们往往善解人意，一两句话就能说到我们心里去。即使有时候沟通过程中出现了误

会或矛盾，会沟通的人也能用合适的方式来处理。

会沟通的人情商很高，与他们交流会让人有种如沐春风的感觉，他们不仅会说话、会做事，还会照顾人。他们是真正明白沟通这门艺术的人，通过向他们学习，时间久了，我们也能成为会沟通的社交高手。

汪老师是一个和蔼可亲的人，有一次她去外地参加交流会，回来拎着行李箱坐公交车回家。当时，车上挤满了人，她把行李箱放好后就扶着扶手准备拿出手机听音乐，这时，她觉得后背一阵冰凉，转身一看才发现，原来站在她身后的大姐抱着一个三四岁的孩子，孩子手里的奶茶不小心洒到她身上了。

大姐正要责备孩子时，汪老师主动地说："对不起，是我不小心碰到了你们。"

大姐听后脸红了，赶紧解释："哪里，应该是我向你道歉，孩子把你的衣服都弄脏了，真是对不住。"

汪老师摆摆手，轻描淡写地说："没事，衣服脏了回去洗洗就好了。车上的人这么多，难免会被碰到，你可别责备孩子呀。"

大姐看汪老师如此通情达理，感激地道了谢。看到这一幕，全车的人都对汪老师投来了欣赏的目光。

汪老师的衣服被弄脏了，她没有当面指责大姐的不是，反而主动道歉，把过错揽到自己身上，并友善地安慰大姐，让她不要有任何心理负担。这样为他人着想、说话让人舒服的人，难道不是一个会沟通的人吗？

懂得沟通的人，知道什么时候该说话，什么时候不该说话；什么时候该说什么话，什么时候不该说什么话。也正是因为这样，他们才能在沟通中散发出独特的人格魅力，受到人们的喜欢。

而不懂得沟通的人，因为说话不经大脑，总是按照自己的想法说话，导致别人觉得他们所说的话没有"营养"，从而心生反感。

小李在餐厅当服务员，有一回不小心把饮料洒到了顾客的衣服上，他连忙跟顾客道歉。顾客笑了笑说："没什么，不用太在意，我自己用纸巾擦擦就好了。"

等小李回到前台后，经理训斥他说："你都工作一年多了，怎么做事还毛毛糙糙的？今天打湿了顾客的衣服，明天又会发生什么，你就不能小心点吗？"

小李听后，低下头小声地说："对不起，经理，今天是我的错，以后我会注意的。"

经理又继续怒吼："说一句'会注意'就行了吗？上次你打碎了盘子，今天又打翻了饮料，你怎么比猪还笨！"

小李生气地说："你怎么能这么说话呢？要反省你自己反省吧，我不干了！"说完，他脱下工作服转身离开了。

每个人都有做错事的时候，这时候他们更需要别人的理解和关怀，而不是指责和怒骂。故事中的经理看到小李做错了事，批评他本来也无可厚非，可错就错在他越说越过分，竟然对小李进行人身攻击，难怪小李会气得辞职。

显然，故事中的经理就是一个不会说话的人。如果他能点到为止，小李也不会觉得他说话难听，还会留下来继续工作。

不懂得沟通的人，通常会有这样的特点：

一、给别人乱贴标签

他们总是凭自己的好恶说话。比如，他们常常把这样的话挂在嘴边："你就是一个没出息的人。""这点小事都干不好，你还能干什么？"

听了这种话后，谁心里肯定都不舒服。

二、以偏概全

他们说话通常不经大脑，总是自以为是地对他人指指点点。比如，他们常常说这样的话："你总是逃避却不努力！""人家都在加班，为什么你不加班？"

你不加班是因为完成了工作任务，可是他们没有调查就这样说。

三、说伤人自尊的话

由于他们的情绪波动大，不擅长调节自己的情绪，因此他们爱说伤害他人自尊的话。比如，他们常常说这样的话："你笨得就像一头猪。""如果这事你能办成，我一周不吃饭！"

懂得沟通的人则没有上面描述的问题，他们说话时不但言简意赅，而且合情合理。

总体来说，懂得沟通的人主要有以下特点：

一、懂得适当提问

说话离不开问答，有问有答才能实现有效沟通。

在与他人沟通的时候，懂得沟通的人不会以自我为中心，相反，他们会以对方为中心。在交流之前，他们会用提问的方式把对方心中最在乎的事情问清楚，然后再组织好自己的语言进行交流，而不是没有目的地说个不停。

二、懂得适当沉默

说话是人类的一种本能，在沟通中面对误解、攻击的时候，普通人通常会口不择言地反唇相讥，他们不懂有时候沉默也是一种无形的力量。

懂得沟通的人深谙这个道理，在与他人沟通时，他们不会出现口若悬河的现象，只会在该沉默的时候用沉默进行沟通，从而达到"此时无声胜有声"的效果。

三、懂得运用共情心理

共情心理，也被称为同理心、换位思考等。

懂得沟通的人不仅会表达自己的观点，还能换位思考——他们会站在别人的角度去思考问题。在与他人沟通时，他们会对对方说的话、传递的感情表现出感同深受，同时，他们能说出让对方接受的话。

懂得沟通的人都明白，沟通并不是取决于你用了多少华丽的词汇，而是在沟通时你传递给对方一种美妙的感觉。只有让对方享受到与你聊天愉快的感觉，他才愿意与你进行深层次的交流。

懂得沟通的人，在与他人沟通的过程中，总是营造出一种甜蜜温馨的氛围，之后再顺理成章地实现自己的目的。

如果你想变成沟通达人，那么，不妨从现在起向身边懂得沟通的人学习，相信终有一天，你也能如愿以偿地成为一个懂得沟通的人。

第四章

让你跟谁都能聊得来

　　良好的沟通能让你的生活越来越好，失败的沟通则会让你的生活越来越糟。但是，在与他人交流的过程中，不少人都不懂沟通这门艺术，常常犯一些低级错误，就连自己走入了沟通误区都不知道。

别触碰 TA 的语言禁忌

在任何场合里，我们都需要与他人进行沟通，可以说，沟通是我们必须掌握的生存技能。

良好的沟通能让你的生活越来越好，失败的沟通则会让你的生活越来越糟。但是，在与他人交流的过程中，不少人都不懂沟通这门艺术，常常犯一些低级错误，就连自己走入了沟通误区都不知道。

所谓沟通误区，也可以理解成说话犯了忌讳，该说的话没有说出来，不该说的话却说了许多，最后导致沟通效果不理想。

与他人沟通时，有哪些忌讳呢？我们来看下面的案例。

林婷在办公室不太招人喜欢，每次同事们私下聚会都不叫她一起去，因为大家怕她那张不会说话的嘴一不小心就伤到自己。

记得有一次，同事李雯穿了一件很漂亮的衣服来上班，大家都夸她穿这件衣服显得很有气质。林婷走过去对李雯说："你这衣服看起来挺不错的，在哪儿买的？"

李雯笑着说："在万达的一家实体店，打完折要 800 元呢。"

　　林婷摸了摸李雯的衣服，说："这件衣服会不会是假货呀？几天前，我在夜市上看到一模一样的才卖 200 元！"

　　听林婷这样说，李雯不禁尴尬地耸耸肩："我在正规服装店买得，有发票，不会是假货。"说完后，她打开电脑准备工作，没想到林婷跟了过来，继续说："实体店里卖的衣服也有假货呀。"

　　李雯看了林婷一眼，没再说话。

　　这时，林婷盯着李雯的眼睛看了几秒，突然叫道："哇，原来你的睫毛是假的，你看，都快掉下来了。"

　　李雯摸了下自己的假睫毛，确实快掉下来了。她掏出镜子补了个妆，强忍着怒气对林婷说："你不要上班吗？怎么一大早话就这么多，你不忙我还忙呢，大家开始工作吧！"

　　这一幕被同事们看在眼里，大家都觉得林婷说话不过脑子太伤人，从此也都渐渐地疏远了她，她成了单位里最不受欢迎的人。

　　故事中的林婷，就是一个在沟通中走入误区、触犯了他人忌讳的人。她公然质疑李雯的衣服是假货，还当着所有同事的面指出李雯贴假睫毛的事，让李雯在所有人面前下不了台，结果惹恼了李雯。

　　林婷的这些表现，一直让同事们觉得她是个情商低、不会说话的人。

其实，在公众场合与人交流是需要认真面对的一件事，你说出去的话代表了你自身的素质，会给周围的人留下基本的印象。话说得好，别人会对你刮目相看；说得不好，别人会对你失去信任。但不管说得好与不好，都将对你的人际交往产生一定的影响。

周末，小何带着老公去参加闺密的聚会。在聚会上，小何看到老公戴了一顶绿色的帽子，她大吃一惊："真奇怪，你居然戴了一顶绿帽子？出门时，如果我发现了就不会让你戴了。"

听到这句话后，老公的脸一下子就沉了下去，半天没有说话，小何也没在意。过了一会儿，她又笑嘻嘻地对老公说："哈哈，笑死我了，你怎么会戴顶绿帽子出门呢？"

老公大发雷霆，朝她吼道："你老公戴绿帽子，你很高兴是不是？还没完没了地一直问，到底什么意思啊？"

小何被老公的反应吓住了，她忙对老公解释："我只是逗你玩，跟你开玩笑而已。我是你老婆又不是别人，怎么会有其他意思呢？你别想多了。"

可是不管小何怎么解释，老公还是气愤地站起来要回去。当时，所有人都看着他们夫妻俩吵架，但不好相劝，场面一时尴尬起来。

在人们的认知里，"戴绿帽子"通常是指老婆背着丈夫跟别的男人偷情。可以想象，一个男人在公众场合被他人说"戴绿帽子"是一件很不光彩的事——小何当众说老公"戴绿帽子"，明显是犯了沟通的忌讳，让老公下不了台。

在现实生活中，要想给他人留下好印象，我们就要避免说忌讳的话。概括起来，在人际交往中我们不能说以下几种话：

一、不说卖弄自己的话

与他人交流时，如果你总是说自己如何优秀等卖弄的话，会让对方觉得你是个爱吹牛的人。次数多了，别人就会觉得你只是外强中干，并没有什么真本事，甚至会渐渐疏远你。

真正有实力的人，都是低调谦和的人。即使你很有本事，在与他人交谈时也不要随意炫耀自己，更不能直接或间接地吹嘘自己，让他人对你产生厌烦。

二、说打断别人的话

无论什么时候，打断别人说话都是一种不礼貌的行为，同时也会影响别人说话的思路。如果次数多了，会让人觉得你没有修养，不懂得尊重他人。

如果你有不同见解，可以当对方说完话后再真诚地提出来，切不可自以为是地打断别人说话。

三、说挖苦嘲讽的话

挖苦嘲讽的话，会严重伤害到他人的自尊，尤其是在公众场

合。如果他人在谈话时出现了错误，你可以委婉地指出来，但不能冷嘲热讽地进行人身攻击。

比如，你找朋友帮忙办事，并说："你是个老司机，当然什么都懂了。"这样的话会让朋友觉得你说话过分，对你产生不好的印象，也不利于你们接下来的交流。

四、不说悲观消极的话

消极的话很容易打击别人的信心和勇气，而且会给悲观的人留下阴郁的印象。与你相处久了，他们就会觉得你身上笼罩着负面情绪从而疏远你。相反，如果你总是说积极向上的话，不但能给他人树立信心，还能让他们更喜欢跟你接触。所以，在人际交往中，我们要尽量说积极向上的话。

与他人沟通时，需要注意避免的语言忌讳还有很多，上面只是简单地列举了几个典型的例子。我们要明白一点，不说触犯他人忌讳的话，才能有助于我们与他人建立良好的沟通氛围，从而达到沟通的目的。

跟亲人聊天就可以口无遮拦吗

父母、爱人、孩子是我们在这个世上接触最多的亲人，如果与他们相处得愉快，这一生我们便能享受到爱的甜蜜；如果相处得不好，我们则会感受到说不清的痛苦。

实际上，与亲人沟通比与同事、朋友沟通要困难许多。比如与父母沟通，说重了会伤害父母的自尊心，说轻了又觉得没有表达清楚自己的意思。很多时候，太顾及表达以及不会表达，会让亲情变得越来越疏远。

那么，我们该如何与亲人沟通呢？先来看下面的案例。

孙浩是一名高二的学生，这天他放学回到家，刚把电脑打开准备玩网络游戏，就被走进房间的父亲看到了。

父亲对孙浩唠叨了起来："你怎么每天都打游戏？你看隔壁家的小杨，每天放学后都在家看书学习，你马上就要上高三了，将来要是考不上重点大学可怎么办呀？"

孙浩听了很生气："爸爸，你怎么总是拿我跟别人比？今天的作业我已经写完了，难道我连玩游戏的自由都没有了吗？"说

完后，他狠狠地砸了一下电脑键盘。

看到孙浩这个样子，父亲怒吼道："你有本事砸键盘，怎么就没本事好好学习呢？每次考试都进不了班级前10名，我看你连大学可能都考不上！"

当天晚上，孙浩也没有吃饭，他把自己锁在房间里哭了很久，一连几天他都请假没有去上课。后来，班主任上门家访，向孙浩的父亲聊起了孙浩在学校努力学习的情况。

父亲向孙浩诚恳地道歉后，孙浩才原谅了父亲，背着书包重新回到了学校。

父母与孩子之间的交流，常常会出现像上述案例中这样的矛盾。

很多时候，父母会因为担心孩子的未来，说一些伤孩子自尊心的话，他们觉得这些话没有什么问题，但对孩子来说伤害是巨大的。

亲人之间有着血浓于水的亲情，无论是大人还是孩子，说话都要注意语气和用词，不能因为说话任性而伤害到彼此的感情。

父母的岁数大，他们接触的世界与我们不同，观点自然也就不同，难免会说出伤害我们的话。作为子女，我们要学会包容和谅解，适当的时候要提醒他们学会改变说话的方式，而不是跟他们顶嘴，让亲情关系变得不和谐。

沟通，不是你说我听就行了。

对于亲人来讲，还需要照顾到他们的心理感受以及情绪体验，用他们能接受的方式去坦诚交流，这样才能经营好亲情关系。

邓伟的父母今年已经六十多岁了，他们一直住在农村。邓伟早就想带父母去外面旅游，可由于工作很忙，他始终没能实施这个计划。

几天前，邓伟看到单位楼下的旅游公司正在做店庆活动，去海南旅游很便宜，毫不犹豫地给父母报了团，希望能让他们有一次美好的回忆。

可没想到，在旅游途中，老两口不小心将邓伟价值上万元的单反相机弄丢了。在父母眼中，一万元可是一笔巨款，旅游回来后，他们很是自责，一直对邓伟说："老了，不中用了。"

看到父母充满歉意的眼神，邓伟觉得很难过，可无论他怎么劝说，父母还是对这件事耿耿于怀。

为了安慰父母，邓伟重新买了一台单反相机，并委托旅行社的经理帮忙打电话给他的父母，说相机已经找到了，马上安排邮寄。

几天后，父母收到单反相机，这才放下了心里的包袱。而邓伟没有再说什么，看到父母高兴，他也很高兴。

父母与我们生活的时代不一样，他们生活的年代物资匮乏。

而我们这一代人从小衣食无忧，没有体会过那个年代的苦，很多时候，与父母沟通难免会出现说不清楚的地方。

案例中的邓伟无论讲多少道理，说多少安慰的话，但父母还是放不下这件事。为了不让他们再内疚，邓伟就编了一个善意的谎言。

有时候，你会发现：与亲人沟通时你讲了很多道理，他们不接受；你打感情牌，他们也不妥协。你唯一能做的就是用实际行动去证明你说得对，只有这样才能达到你想要的沟通效果。

其实，与亲人沟通也没那么复杂。所谓"精诚所至，金石为开"，只要抱着真诚友好的态度去交流，亲人也是能够理解我们的。

在与亲人沟通的时候，我们还需要把握好分寸，明白什么话该说，什么话不该说。具体来说，有以下几个方面值得我们注意：

一、抱怨的话不能讲

在同一个屋檐下生活，如果与亲人沟通时总是抱怨连连，不仅会伤害彼此的感情，还会影响对方的心情，让他觉得家里没有真正的自由。例如，"你怎么总是抽烟喝酒"这样的话就不能多说，在适当的时候小心地提醒就可以了。

如果对亲人有意见，可以选择用委婉的方式提出来，而不是反复抱怨，让负面情绪困扰着亲人，这样对家庭成员来说都是一种折磨和伤害。

二、绝情的话不能讲

亲人之间一旦说了绝情的话，就会像一把刀插在对方的心上，给对方造成不能弥补的伤害，所以在亲人之间，绝情的话是不能讲的。比如，夫妻之间吵架，不能动不动就说："你滚吧，永远都别回这个家了。"这样绝情的话，不仅容易激怒对方，没准也会让对方付诸行动。

亲人之间有了矛盾，要好好坐下来开诚布公地沟通解决，而不是说绝情的话，破坏亲人之间的感情。

三、攀比的话不能讲

俗话说，人比人气死人。亲人之间，不能动不动拿亲人跟别人进行比较。比如，在丈夫面前，妻子不能总说别人家的丈夫挣钱多、地位高；父母不能总拿别人家的孩子跟自己家的孩子进行比较，说别人家的孩子各方面都比自己家的孩子优秀。

亲人之间一旦拿来与他人进行比较，被比较的人就会感到心理不平衡，时间久了，难免会发生争吵。

四、损人的话不能讲

亲人之间，损人的话会让人觉得很难受，因为亲人是彼此信任的，家庭成员一旦听到贬损的话，会觉得心灵受到了伤害。

比如，父母对孩子说："你这个样子让我们很失望，以后你是不可能有出息的。"这种话会让孩子产生放弃、自甘堕落的心

理，他会觉得，既然最爱他的父母都否定了他，他就更没有理由去努力了。

为了能让亲人感受到家庭的温暖，所以在跟亲人相处时，我们不能说贬损的话。总之，家庭生活要以团结和睦为重。

在日常生活中，我们要养成开口之前多思考一下再去说的好习惯，不能因为对方是亲人我们想说什么就说什么，这会让原本温馨的家庭笼罩在一片乌云里，失去本该有的快乐。

朋友疏远你，就是因为一句话

朋友是我们人生路上的财富，在与朋友相处时，良好的沟通会起到积极的作用。

有时候，明明是关系很好的朋友，因为一句不当的话就变成了熟悉的陌生人；而有时候，一句高情商的话也能让陌生人变成挚友。

与朋友沟通是一门艺术，怎样说话对朋友间的关系有利，怎样说话对朋友间的关系有害，需要我们引起重视，认真对待。

不久前，张伟借给陈楠 5000 元，现在他手头紧张，就想让陈楠还钱。于是，他给陈楠打电话："你借我的钱什么时候还？都一个月了！"

陈楠说："不好意思，最近我在出差，现在你是不是急需用钱？"

张伟朝陈楠吼道："欠债还钱，天经地义。你赶紧还钱，我有急用！"

陈楠听完这话也生气了："不就借了你 5000 元吗？又不是不还你！"他挂断电话，立即用支付宝把钱转给了张伟。

张伟收到钱后突然懊悔不已，他知道刚才自己说得有点过分了，不应该说那些难听的话，他们可是从小玩到大的好朋友啊！于是，他再次拨通电话准备向陈楠道歉，这时，他才发现对方已经把他的电话拉入了黑名单。

从此，他们俩从好朋友变成了陌路人。如果张伟懂得沟通的技巧，能与朋友友好地沟通，将事情简单地说清楚，就不会失去一个好朋友。

与朋友沟通不能因为彼此都很熟就什么话都说，一句伤害人、不信任人的话，只会让对方觉得你不尊重他，不把你们之间的感情当一回事。相反，在与朋友沟通的时候，你言语中传递出温暖、亲切的情意，会让朋友觉得你很珍惜他。

　　郭海和文丽是大学同学，虽然文丽是女生，但郭海早已在心里把她当成了哥们，只要一有时间，他们就会聚在一起吃饭聊天。

　　文丽也一直把郭海当成自己最好的朋友，有什么心里话也会找他倾诉。文丽结婚后想买房，可首付还差 5 万元，她跟亲朋好友借完后还差两万元，于是，她找到了郭海。

　　当郭海听说文丽想找自己借钱后，说："我手里没那么多闲钱，只有一万元，而且下个月还要急用，如果现在我借给你了，下个月你必须还我。"

　　文丽犹豫了一会儿，说："我以为我们是最好的朋友，上次我跟你借钱，你说没有；没想到这次跟你借，你又逼着我一个月就还钱。你每个月的收入都上万，何必把手里的钱看得那么重，不想借就直说吧，何必这样找理由呢？"

　　毕业后，郭海和朋友创办了一家公司，每月的收入还算不错，但最近因为姐姐生病住院需要一大笔费用，他手里的闲钱确实不多了。当他正要把自己的情况解释给文丽听时，文丽已经挂断了电话。

　　之后，他们就再也没有了联系，曾经的好友也变成了陌生人。

　　每个人难免会遇到困难，当朋友向你求助的时候，一定是遇到了棘手的事。这时候，好好说话就很有必要，哪怕你帮不上忙也要委婉地说出来，不能让朋友误会，把一段来之不易的友谊毁掉。

朋友与其他人不一样，因为彼此熟悉，有时候一句不经意的话，就会让两个人之前建立的友谊一下子荡然无存。尤其在涉及金钱、名誉、地位的时候，该怎么说话我们还要认真对待。

与朋友沟通时，要注意些什么呢？

一、不要太在乎面子

当跟朋友产生误会时，只有放下身段主动去沟通，误会才能消除，而不是担心主动沟通会让朋友看轻自己，有损面子。

一段感情只有学会维护，才能够长久。所以，与朋友有了误会时，一定要及时主动地沟通，该道歉就道歉，该解释就解释，只有这样，你才能再次赢得友情。

二、不要太计较对错

与朋友沟通的过程中，我们往往会因为观点不同而产生争论。争论本身没有错，但要学会适可而止，该退的时候就要退一步，不要认死理。

即使你在口头上赢了朋友，时间久了，你也会失去对方。如果事情真得有对错，那也要换一种方式来让朋友明白。比如，让与这件事情毫无关系的第三者来解释清楚，或者直接交给时间来证明对错。

不能因为争口头上的对错而失去一个朋友，这是不明智的

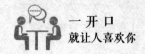
行为。

三、学会选择时机去沟通

沟通，有时候要讲究些策略才行得通。与朋友发生误会之后，不要选择对方还在气头上的时候去沟通，那样往往会事倍功半。相反，等对方心情平静后再去沟通，他才能够听得进去你说的话，沟通才能取得效果。

四、学会给朋友留空间

因为朋友之间太过了解，有时候说话难免会想到什么就说什么，这种做法是不可取的。尤其是当朋友因为相信你跟你说了某件事，你却过多地指责批评他时，很容易引起朋友的反感。

再好的朋友也有自己的空间，当你不能理解他时，至少要做到尊重他，而不是指指点点。如果你站在道德的制高点去抨击他，只会让你们之间的友谊变得不牢靠，对友情的伤害在所难免。

一般来说，朋友之间的感情是单纯的，它没有涉及太多复杂的关系，不需要靠金钱、礼物等来维持。

与朋友相处贵在交心，只要平时在沟通中让朋友觉得你把他放在心上，是真正关心他的人，那么，不管遇到什么事情，你们的友情都能够长久。

▶ 同事面前，别做"大喇叭"

　　每个人都不是神，都有需要他人配合、支持和帮助的时候。如果你在办公室的人缘好，遇到困难时同事们都会出面帮你；如果平时你跟同事交流有障碍，当你向他们伸出求助之手时，他们可能会置之不理。

　　在工作中，如果处理不好与同事之间的关系，你会觉得同事不友好，工作起来没有动力，上班的激情渐渐地消失殆尽，迷茫的你甚至想到要辞职，一走了之。

　　大学毕业后，冯明来到公司上班已经有 3 个月了。当领导把公司自媒体对外宣传的工作交给他时，他信心满满地接下了这个任务。但一个月后，他的工作没有任何起色，阅读量只有几千人次，粉丝也只有几百个。

　　领导知道这个情况后，让冯明多向同事陈旭学习。陈旭是新闻专业毕业的，以前公司的宣传工作都是他负责。

　　当冯明找到陈旭求助时，他还没有说完话，陈旭便打断他，说自己很久没用自媒体软件了，宣传的事情他帮不上忙。

冯明听了觉得莫名其妙，经过一名同事的提醒，他才知道是怎么一回事。

原来在一次偶然的聊天中，冯明说过陈旭的坏话，说他只是一个专科生却在公司里傲气得很。刚好他说的这句话被陈旭听到了，陈旭因此怀恨在心，当冯明来找他帮忙的时候便当面拒绝了。

知道真相的冯明只能杵在原地，后悔不已。

职场是一个大染缸，什么样的人都有。与同事交流的时候，我们要谨言慎行，不要在背后评论他人——只有把对方当朋友，对方才会把你当朋友。

在职场中，只有与同事处好关系，大家才能和睦相处，遇到工作上的难题，大家才能一起想办法，高效快捷地完成。这样，你才能感受到上班的快乐。你不能因为自己的学历比同事高、能力比同事强，就看不起同事。

世界上不可能有完美的人，每个人有优点也有缺点。在工作中，只有抱着谦虚的态度跟同事学习，才有可能获得进步。

刘强是公司销售部的销售精英，他性格活泼开朗，平时与同事的关系也很融洽。

不知怎的，最近刘强发现同事小贾好像对他有意见。以前每次跟顾客谈生意的时候，他们俩都配合得很好，轻松地就能拿下大订单，领导和其他同事对他们俩一直赞不绝口。可是，从上周开始，小贾竟然开始抢他的客户，私底下还不配合他的工作，跟他说话也是各种冷嘲热讽的语气，让他听了很不舒服。

起初，刘强觉得大家都是同事，忍一忍就算了，可看到小贾越来越过分，一气之下他就到经理那儿告状，结果经理把小贾狠狠地批评了一顿。从此，他们成了冤家，见面都不说话了。

其实，刘强并没有必要去找经理告状，小贾对他的态度发生了变化，一定是因为他做了什么事得罪了小贾。他完全可以先去找小贾好好地沟通一下，了解清楚事情的前因后果，再决定是否需要让经理评判。

职场中，与同事有矛盾、有误解是在所难免的事情，这时候，矛盾双方坐下来好好沟通是很有必要的。

事实证明，在一个集体里，只有大家心往一处想，团结一致为集体服务，集体的力量才会更强大，自己的利益才能得到保障。

不过，与同事沟通需要策略和方法，而不是任性地想说什么就说什么。那么，与同事沟通时需要注意些什么呢？

概括来说，有以下几点值得我们注意：

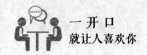
一、不把所有的心事都说出来

社交中，最忌讳的就是交浅言深。同样，在职场中，与同事交流也不能把压在心底的所有话都说出来。因为，当你把所有的秘密，比如对公司领导的看法、对其他同事的意见，在跟某个你自以为的知心同事说出来后，同事并没有替你保密的义务。

当涉及利益关系时，你说的秘密可能恰好会成为别人算计你的话柄。所以，与同事交流还得留个心眼，不能一股脑全部说出来。

二、不说骄傲自大的话

职场中，有很多人表面上看起来不显山不露水，实际上他们是深藏不露，拥有某方面过人的本领。

你一时冲动，说了骄傲自大看不起别人的话，只会让别人觉得你这个人不值得合作。时间久了，你就有可能变成孤家寡人，到时候遇到困难，你想找他们帮忙都没有人愿意理你，还可能被公司所有的同事排挤。

三、不说不利于团结的话

同事之间只有相互团结、共同进取，公司才能有好的发展。平时在工作中，要本着多沟通交流的态度密切合作，遇到矛盾或误会时，要说些利于公司团结的话，而不是说风凉话，甚至互相攻击。

四、学会及时说"不"

当同事遇到困难向你求助的时候，如果你帮不了忙，要学会及时说"不"，不要硬着头皮答应，到最后才告诉对方你办不到。这会让同事觉得你很虚伪，或者是你故意不帮他，而你们之间的关系会瞬间发生变化。

相反，如果你的理由正当，并及时拒绝，对方不会觉得你虚伪，反而会觉得你诚实。

跟同事打交道是每个职场人都必须面对的事，当你学会跟同事好好沟通后，你会发现和谐友好的同事关系真的存在——同事之间的关系并没有你想象的那么糟糕，你的工作氛围原来也能这么美好。

▶ **领导都喜欢高情商的下属**

领导是员工的顶头上司，公司的所有工作都是由领导直接安排。在职场中，与领导进行沟通是我们必须面对的一件事。

如何表达自己的观点，才能被领导接受；如何与领导沟通，才能更好地完成自己的工作，这都与我们的沟通水平息息相关。

如果沟通得好，能准确地领会到领导交代的重心是什么；沟通得不好，工作就无法有效地开展。所以说，正确地与领导沟通是身在职场的我们必须学会的一项本领。

马上就到年末了，经理吩咐办公室文员秦雯写一份详细的年度工作总结，并在会议上进行陈述。

秦雯整理了公司的资料，仔细研究了一周后，写了两万多字的总结报告交给经理。她原本以为自己写得详细周密，经理应该会夸奖她，可没想到经理居然训了她一顿，说她没有抓住关键，完全是在乱写。

原来，经理是希望秦雯把公司一年来在产品质量方面取得的进展重点写出来，结果她只字未提。在写之前，经理问她有没有什么要问的问题，她回答说没有。经理很失望，只好自己动手重新写了一份。

身为下属，当领导交代我们做某件事情时，我们都不能自作主张按自己的想法去执行，因为我们的工作是帮助领导而不是替代领导。这时，最妥当的方法是先问清楚领导交代的事情需要注意些什么，自己怎样做才好。

案例中的秦雯，就是在写报告时没有很好地跟领导沟通，没有问清楚报告的具体要求，比如主题、侧重点等，所以，最后她写出来的报告只是自己比较满意的，而不是领导需要的。

平时在工作中，领导要处理的事情有很多，他没有时间解释太多，而如何正确理解领导的意图，如何完成领导交代的工作，是每个职场人必须面对的事情。

要想成为一名高情商的员工，需要提高自己的专业知识，但最重要的还是要学会与领导沟通，领会每次领导交代的工作想要达到的目标是什么。只有心里有数，你做起事来才会得心应手，不致让领导失望。

徐勇在一家辅导学校上班，这天早上，他刚到办公室就被校长叫了过去。校长对他说："昨天你是最后一个离开学校的吧？你怎么忘记把办公室的空调关了啊？"

徐勇想了一会儿，回答说："我明明已经关了。"

校长摇摇头，说："刚才我问了保洁员，她说当时还跟你打了招呼，就只有你一个人在。"

徐勇见校长不相信自己，着急地跟校长争吵了几句，最后还扔下一句话："算一下一晚上用空调的电费是多少，算我的。"说完，他扭头就走了，之后一整天他都闷闷不乐。

忙完了一天的工作，放学时校长才想起来查看监控，结果发现自己真的冤枉了徐勇。原来当天徐勇离开后，同事小周又回到学校加班，是他走的时候忘记关空调了。

校长立即向徐勇道了歉，徐勇心里的疙瘩才彻底消除。

被领导冤枉是很正常的事情，如果自己的解释有理有据，就要试着去解释；如果解释没有用，可以让时间去证明。与会说话的员工相比，领导更喜欢会做事的员工——身在职场，把自己的分内工作做好，领导自然会欣赏你。

通常，被领导误解是因为沟通不够。领导事务繁多，如果平日里没有与你过多地进行沟通，那么，他对你的了解就只停留在你在工作中给人留下的印象上。为了让领导更加了解自己，我们要学会在工作中与领导多交流。

与领导沟通并不是想说什么就说什么，在与领导沟通时，我们需要注意以下几点：

一、不要跟领导唱反调

刚进公司的员工总喜欢对领导的安排提反对意见，他们不知道领导的经验通常比员工丰富，领导给员工安排的任务都是从大局出发，是为了公司能够更好地发展才做的决定。

普通员工并不完全了解事情的轻重，当接到领导安排的任务时，只要听命行事就好。如果你总是对领导的安排指手画脚，还跟领导争论，次数多了，领导就会觉得你是个不服从安排的人，而今后你的职场生涯也会因此受到影响。

二、不要把话说破，学会点到为止

在职场中，有时候领导说话难免会有失误的地方。作为员工，注意到了领导的错误，可以在私底下提出来，让领导有台阶下，而不是在开会时这种公众场合直接说出来，甚至揪住领导的错不放，与领导争论不休，让领导下不了台。

三、给领导提供选择方案，而不是替领导做决定

在工作中，如果对领导的方案有意见，要委婉提出来，让领导抉择。或者领导让你出方案的时候，要给领导提供多个方案，让领导自己做最后的决定，切不可越俎代庖替领导做决定。毕竟领导是公司的负责人，对公司的所有事情要全权负责。

四、不要总为自己找借口，要学会及时反馈

时间就是生命，效率就是金钱，在工作中尤其要奉行这个准则。领导安排你做事，你一定要记在心上，按时完成。如果有不懂的地方要立即请教，工作完成的进度怎样也要及时反馈。

在这个过程中，如果你的工作出了问题，当领导过问时，你一定得勇于承担过错并自我检讨，而不是急着为自己找借口逃避责任。

很多时候，领导喜欢的是员工能按时完成自己布置的任务，而不是只会嘴上逞能、不做实事的员工。

总而言之，与领导沟通并不是一件很可怕的事，我们无须过度紧张。因为，领导需要的无非就是能帮他解决问题、踏实工作、不乱说话的员工。

在职场中，只要我们做好自己的本职工作，与领导沟通时大方得体、有礼有节，我们就能够跟领导愉快相处。

▶ 熊孩子不听话，怎么说他才肯听

如何与孩子沟通，是每个家长必须面对的一个难题。

现实生活中，许多家长不知道如何与孩子沟通，他们发现不管自己说什么，孩子完全不理他们。原本乖巧的孩子跟自己的距离渐渐变得遥远起来，该如何打破这个尴尬的局面，与孩子愉快地交流呢？

掌握相关的沟通知识后，你会发现与孩子沟通其实是一件很简单的事。

张阿姨有一个听话的儿子高琦，可自从上了高中后脾气突然变得暴躁起来。张阿姨跟他说话，没说几句他就不耐烦地说："别说了，说那么多干吗？你不嫌啰唆，我的耳朵都起茧了。"

每次张阿姨想要跟高琦交流，可看到儿子冷漠的表情后，她只好把话咽回肚子里。

有一次，高琦在卧室看书，张阿姨走过去用恳求的语气问他："是不是妈妈说的话不好听让你生气了，如果是，请原谅妈妈！"

"不，你没错，只是我们有代沟，不要跟我讲话！"说完，高琦把门"砰"的一声关上了。

张阿姨只好回到客厅一个人看电视。过了几天，邻居李阿姨到家里做客，两个人说起跟孩子相处的话题，张阿姨这才明白儿子之所以不爱跟自己聊天，原来是她自己在沟通方面出了问题。

儿子正处于青春叛逆期，喜欢追求新鲜的事物，性格也渐渐地发生了变化，会以追求自我个性的方式面对生活。而张阿姨一直把儿子当小孩子看，没有考虑儿子喜欢什么、对什么事情感兴趣，所以儿子才会觉得跟她有代沟，无法正常交流。

青春期的孩子需要家长的正确引导，这样，他们才能健康成长。

随着年龄的增长，孩子的思维会发生很大的变化。很多时候，他们有自己的判断能力，如果父母还把他们当小孩看，不懂得尊重他们，会让他们感到厌烦。

如果想跟孩子顺利沟通，父母就必须跟孩子一起成长，主动关心他们的生活，站在他们的角度理解他们的世界，积极打破与他们之间的隔阂。这样，孩子才会敞开心扉，愿意与父母像朋友一样交流。

最近，杨洋总跟他爸爸老杨吵架。老杨一直不明白，明明自己说得很有道理，为什么儿子就是不愿意听他的话，非要跟他较劲呢？

之所以会发生这样的情况，与一件事情有关——一转眼，杨洋已经进入高三年级，他对音乐很感兴趣，梦想着成为一名歌手，还想以音乐生的身份参加高考，并希望能考上中国音乐学院。

老杨一听这话就生气，他朝儿子大吼："不准学音乐，学音乐能有什么好的前途，你觉得你当得了歌手吗？"

杨洋反驳道："为什么我不能学音乐？你不让我学，我偏要学！再说，你了解音乐吗？谁说学音乐就只能当歌手？"

看到儿子反驳自己，老杨更加生气了："我是过来人，我走过的桥比你吃的盐还多，听我的，将来你学医或者学计算机都比学音乐好。"

杨洋知道说不过父亲，就把班主任请到了家里。班主任给老杨详细地介绍了学音乐的就业方向，老杨这才改变了想法。但是，很长一段时间，杨洋都没有主动跟老杨说过话。

通过这件事，老杨也明白了自己身上的缺点：思想陈旧、观点片面，不懂得尊重儿子以及与儿子正确沟通的方法。

与孩子沟通是一门学问，掌握了这门学问，才能跟他们顺利沟通。

　　孩子的世界观和大人的世界观不同，他们看问题的角度单一，思想还不成熟，但他们也渴望得到父母的理解和尊重。

　　当父母总用自己的生活经验去说教孩子时，往往会引起他们的不满。即使孩子的观点不对，也要用他们能够接受的方式去沟通，而不是一味地指责、批评——把自己的观点强加到孩子身上，这样，只会让他们更加不愿意与你交流。

　　要想与孩子顺利沟通，父母需要注意以下几点：

一、根据孩子的性格特点进行沟通

　　每个孩子的性格特点不一样，喜欢的事物也不一样。如果你的孩子性格安静，喜欢读书画画，那你可以与他谈论书籍方面的知识，问问他最近看了什么书，有什么想法；如果你的孩子喜欢运动，那你可以与他交流运动方面的心得体会。从孩子的特点出发，你会发现你们有许多话题可以交流。

二、不要用命令的语气跟孩子说话

　　当你用命令的语气跟孩子说话时，孩子会觉得自己没有得到尊重——即使你说得再好，他们也不会真的听到心里去。所以，从现在起别用"你不能""你必须""你只有"这样的命令语气与孩子沟通，你完全可以尝试用温和的方式表达自己的观点。

三、学会倾听孩子内心的想法

不管孩子跟你说了什么话，首先你要做的不是去点评他，而是通过他的话去理解他的内心世界。孩子他说话的过程中，你要耐心倾听，等他说完后，再站在朋友的角度去跟他交流。

时间久了，你会发现孩子会把你当知心朋友，什么话都愿意跟你说。

四、要创造良好的沟通机会

良好的沟通机会，能够让沟通顺利进行。日常生活中，有的父母喜欢在吃饭的时候跟孩子沟通，有的喜欢在散步或旅游的时候跟孩子沟通。

无论哪一种沟通方式，适合你的才是最好的。

沟通机会一旦确定了，就不要轻易更改，否则会让孩子觉得你总是在变化，说话不算数，不知道下次你又要说什么话了，这样会对你产生防备心理。

五、不要与孩子争论彼此间的差异

时代在发展，孩子接受新事物的能力也在增强，他们有着自己的喜好。比如，父母可能不喜欢嘻哈音乐，觉得那样的音乐太吵了，但是孩子很喜欢，觉得嘻哈音乐很酷。

这个问题，你可以不接受，但没必要跟孩子争论，你们之间自然就能保持愉快交流的氛围。

　　如何与孩子沟通，牵动着每位家长的心。其实，最好的沟通就是让孩子受到尊重，并愿意主动跟你交流。

　　与孩子沟通并不复杂，只要你把他当成朋友，站在他的角度去理解他的世界，不要过度干涉他，在适当的时候给予引导，陪着他一起开心地生活，见证他的成长，他自然会与你无话不谈。

第五章

生活处处给你下套，会说话才能脱身

生活中遇到尴尬的处境在所难免，巧妙的回复能轻松化解危机，因此，无论什么时候我们都必须保持冷静，要学会寻找对方说话的漏洞来为自己解围。

▶ 谁都不想跟"哭丧脸"聊天

带着积极的情绪去沟通的人，会给自己带来好运。

生活中，当你带着积极的情绪与他人沟通时，即使别人不认识你，也会对你投来欣赏的目光。相反，当你带着消极的情绪与他人沟通时，即使别人认识你，也会被你的坏情绪影响，躲得远远的，不愿意与你交流。

为什么会这样？

原因很简单，积极的情绪会让人觉得你充满正能量，消极的情绪则会让人觉得你充满负能量。两者相比，人们都愿意选择与正能量的人去沟通。

据专家调查，拥有积极情绪的人通常情商很高，与人交流时他们不仅能控制自己的情绪，还能够说话得体、举止优雅，让沟通在欢乐的氛围中进行。而带着消极情绪的人通常脾气暴躁，与人交流时他们常常以自我为中心，不懂得尊重他人，甚至还会因为自己的不良情绪闹出许多矛盾来。

一位母亲甲带着两个孩子在饭店吃饭，两个孩子不停地吵

闹，让在邻桌吃饭的女顾客乙很生气，她突然走到两个孩子面前，用力推了其中一个孩子的凳子，那小孩没有坐稳摔在地上哭了起来。

看到这一幕后，甲不管不顾地冲上去跟乙扭打成一团。经理看到这一幕后，跑过去将两人拉开。

乙气愤地说："我是来饭店吃饭的，不是来听小孩子吵闹的！"

甲不高兴了，反驳说："孩子又没对你吵闹，你凭什么推她，你讲不讲道理？"

眼看两人又要吵起来，经理微笑着对她们说："这样吧，你们来饭店吃饭是我们的荣幸，不要因为小事伤了和气，今天你们两桌的单我买了，希望你们双方各退一步，不要再吵架，好吗？"

两人被经理的话打动了，停止了争吵。

积极健康的情绪，能够让我们拥有好心情。

案例中的母亲和女顾客就是因为不会调节自己的情绪，最后才打了起来。这只是一件小事，如果双方都能不那么冲动，调节好情绪后再去沟通，事情就会变得简单很多。比如，乙完全可以对孩子说："小朋友，这里是公众场合，大家都在吃饭，你们可以小声点吗？"这样去沟通，结局自然就会不一样。

在生活中，很多人因为不懂得怎样去调节自己的负面情绪，结果带着负面情绪去与他人沟通，最后给自己带来麻烦后才知道后悔。

心理学上把焦虑、紧张、愤怒、沮丧、悲伤、痛苦等统称为负面情绪，之所以称呼它们为负面情绪，是因为这些情绪体验是消极的、不健康的。

当一个人带着负面情绪与他人交流的时候，会在不理智的情况下做出错误的决定，也会让他人被他们的负面情绪传染，变得不开心。

正面情绪则相反，它主要指积极的心理状态，是个体对待自身、他人或事物的积极、正向、稳定的心理倾向。带着正面情绪去交流的人，会给他人带去温暖、友好的感觉，让他人愿意敞开心扉与他们交流。

生活经验告诉我们，当你带着正面情绪与他人沟通的时候，你会更受欢迎。这也提醒我们，一定要学会调节好自己的负面情绪，试着用正面情绪与他人交流。

邱薇正坐在公园的椅子上看书，突然肩膀被人拍了一下，一位中年大叔怒气冲冲地朝她大吼："姑娘，你没长眼睛吗？你把我放在椅子上的袋子都弄得变形了！"

邱薇放下手里的书，才看到椅子上有一个袋子，袋子的确被挤压得变形了。可她一直坐在旁边认真看书，根本就没有破坏袋

子，公园里人来人来往的，很有可能是其他人不小心坐上去弄坏的。

邱薇没有多想，赶紧道歉："对不起，我不小心将你的袋子弄坏了，请你原谅。我包里还有个类似的袋子，我把这个袋子给你，可以吗？"

大叔"哼"了一声，提起袋子没有说话就直接走了。路过的几个阿姨看到了这一幕，好奇地问邱薇："小姑娘，袋子不是你弄坏的，为什么你不解释一下呢？"

邱薇说："当时大叔正在气头上，如果我跟他生气或者解释，只会激怒他。与其这样，还不如直接承认是我弄坏的，取得他的原谅，从而避免一场不必要的纷争。"

阿姨们都为她点赞，说她是个会处理事情的人。

一个人在情绪激动的时候，反驳他往往会激怒他。如果懂得避其锋芒，以退为进，调整好心态，友好地与他沟通，事情反而会获得好的转机。

看到这里，你可能想问：负面情绪能调节吗？答案是，当然能。

说到调节情绪，就不得不提"情绪 ABC 理论"。

"情绪 ABC 理论"是由美国心理学家艾利斯创建的。他认为，人的消极情绪和行为障碍结果（C），不是由于某一激发事件（A）直接引发的，而是由于经受这一事件的个体对它不正确的认知和评价所产生的错误信念（B）所直接引发的。

这就告诉我们，要想调节好自己的消极情绪，要从改变认知和信念方面进行。具体来说，有以下几种方法：

一、注意力转移法

当你感到悲伤难过时，可以尝试转移注意力。比如，你主动找好友聊天，或者出去散步、看电影，从而达到转移注意力的目的。经验表明，当你将注意力转移到别处时，不良情绪在你身上停留的时间就会很短。

二、自我暗示法

当你觉得情绪激动想要发脾气时，可以采用自我暗示的方法来调节。比如，你可以这样对自己说："生气是拿别人的错误来惩罚自己。""莫生气，气出病来也没人管。"用这样有哲理的话来调节心情，能帮助自己平复情绪。

三、评价推迟法

一般来说，消极情绪是因为对他人的某句话或者某件事有所触动才导致的，而当你能正确处理并消化它们后，就能远离不良情绪了。比如，你可以试着暂时不去想这件事，就当这件事没有发生过，等过一段时间回头再面对时，你会发现其实它只是一件小事，不值得自己去闹情绪。

四、合理发泄法

如果不良情绪一直压抑在心底，你试了很多方法都无法调节，可以采用合理发泄法。比如，你可以选择打羽毛球、游泳、跳绳、爬山等有益于身心健康的运动方式来发泄。当你发泄完后，你会收获轻松愉悦的舒适感。

五、目标升华法

所谓升华法，就是将你的不良情绪向有意义的方向转移，从而将自己的方向重新规划，让自己成为更好的人。

俗话说的"化悲痛为力量"，就是目标升华法的运用。当你被别人批评后，你可以就别人提出的意见当成升华的目标，下定决心为此努力，时间久了，你的不良情绪就能得到化解，自己还能因此而学到新知识。

生活中有着好人缘的人，通常都是会调节情绪的人，也是会运用积极情绪与他人沟通的人。

如果你也想让周围的人都愿意与你交流，感受到你的个人魅力，那么，从现在开始调节好自己的情绪吧。这样，你就能更好地与他人沟通，成为受欢迎的人。

► 生活处处给你下套，会说话才能脱身

与他人交流的过程中，有时候我们会陷入一种尴尬的处境，所以，掌握一些解围的沟通技巧对我们来说就显得无比重要。比如，我们可以用幽默的语言来为自己或者他人解围。

这样能转移人们的关注点，使受窘者得以摆脱难堪，提升自己的形象，无疑是一件利人利己的大好事。

下面，我们来分析一个替自己解围的案例。

周末，郭林放学后正准备背着书包回家，同学邓勇突然邀请他去参加自己的生日宴会。郭林推脱不过，只好硬着头皮去参加。

到了邓勇家后，郭林发现其他同学都为邓勇准备了生日礼物。一个同学开玩笑地问："郭林，你准备了什么好礼物要送给我们的寿星呢？"

看到所有人都瞪着眼睛看着自己，郭林满脸通红，当时他真想找个地缝钻进去。就在这时，他灵机一动，想到了化解尴尬的办法。他拿起一瓶矿泉水，对邓勇说道："君子之交淡如水，今

天你过生日，我送你一瓶矿泉水，代表我们之间高雅纯净的感情。祝你生日快乐！"

所有人都被郭林的话打动了，大家鼓起了掌。邓勇笑着接过矿泉水，幽默地回答："这是我收到过的最特别的礼物，我很喜欢，谢谢！"

就这样，郭林用一瓶水巧妙地为自己解了围。

聪明的人，在遇到尴尬时不会轻易发脾气，他们会冷静面对，从周围的事物中寻找突破口，急中生智地化解难堪的局面。

解围并不复杂，只要认真思考，并在平时的生活中养成积极观察的习惯，你会发现有很灵活多变的方式能给自己解围。

苏瑶经人介绍，认识了现在的男朋友冯俊。两个人相处了一段时间后，苏瑶开始犹豫了，她多次在心底问自己：还要不要与冯俊继续相处下去？

原来，冯俊在一家理发店上班，每天接触的都是年轻漂亮的女孩子，而且他的微信里有好多女性好友。

这让苏瑶感到有些不放心，难道自己交上了一个花心男友？

有一次，苏瑶和冯俊在一间咖啡厅喝咖啡。突然，冯俊收到一条微信，接着，他笑嘻嘻地拿起手机开始跟朋友聊天。

苏瑶很生气，她深吸一口气，控制住自己的情绪后对冯俊说："亲爱的，现在我才想起来，你是个有魅力的男人，你认识的女生比男生还多。既然这样，那我们还交往下去干吗？我看我们还是分手吧，你也可以更好地去勾搭其他妹子。"

冯俊听到这话立即放下手机，他知道苏瑶生气了。他沉思了一会儿，突然学着和尚的模样，双手合十行了个礼，对苏瑶说："阿弥陀佛，老衲只扫门前雪，不理会花花草草，施主看来还是不了解老衲啊！我是明明白白一颗心，渴望一份真感情。"

苏瑶看冯俊说话的模样忍俊不禁："哟，你还渴望一份真感情呀？那说说看，我怎么错怪你了？"

见苏瑶笑了，冯俊知道自己说的话有作用了，自己还有希望。随后，他认真解释了事情的经过。他说微信是他开展工作的方式之一，他用微信联系的都只是工作上的事情。他还向苏瑶承诺，国庆节他们就结婚，让她放心。

后来，他们果然牵手走进婚姻的殿堂，过上了幸福甜蜜的生活。

恋人之间，最怕的就是相处的时候产生误会。如果不及时解释清楚，一对原本要在一起的人，顷刻之间便会分道扬镳。

面对女朋友的质疑，聪明的冯俊没有正面为自己辩解，他通过幽默的方式表明了自己对女朋友的爱意，化解了女朋友心中的烦恼，为自己的爱情赢得了转机。

这何尝不是一种机智的解围呢！

在日常社交中，我们常常会遇到一些很尴尬、无法回答的问题。比如，你参加相亲的时候，女生问你："如果我和你妈妈同时掉到河里，你先救谁？"

参加朋友聚会时，席间一个朋友突然说道："上回我喊你聚会，你都不来，怎么这次别人请你，你就来了，难不成你看不起我，不给我面子？"

上面列举的情况都是尴尬的处境，回答不好便会落人话柄。如果是你，该怎么回答？

其实，遇到这些情况，我们可以使用"金蝉脱壳"的解围思维模式。在回答问题时，你可以反问对方与其有关联的事，要求对方先回答，礼让对方，或迫使对方知难而退，或启发在场其他人思考。

当你不知道怎么解围时，可以按照下面的方法来进行：

一、把问题抛给对方，让对方替你回答

对方提的问题本身就不怀好意，你不好正面回答。这时候，你要针对对方提出的问题反问他："那你觉得呢？"通过反问把问题抛给对方，让他来替你回答。

二、问对方提问的理由，让对方知难而退

当遇到有人故意用问题为难你时，你可以这样回答："为什么你要问这个问题？"或者说："你是出于什么理由来问这个问题的？"对方听到你这样的提问，自然会觉得自己的提问有些过分，从而放弃为难你的想法。

三、为自己找理由，拒绝回答对方的问题

当对方的问题无论怎么回答，你都会陷入难堪的局面时，你要为自己找理由拒绝回答对方的问题。比如，你可以这样回答："对不起，我还有事，先走了，下次再告诉你。"

四、以退为进，让对方哑口无言

比如，关于掉河里先救谁的问题，你可以这样回复："那我和你爸同时掉到河里，你先救谁呢？如果你能回答我，那么我也就能回答你。"

生活中，遭遇尴尬的处境在所难免，巧妙的回复就能轻松化解危机。因此，无论什么时候我们都必须保持冷静，要学会寻找对方说话的漏洞来为自己解围。

当然，这不是一时半会儿就能学会的，还需要我们在日常生活中加强学习，养成多与身边优秀的人交往的好习惯。

▶ **如何探知对方的真实需求**

人际交往中流行着这样一句话："会说的不如会听的，会听

的不如会问的。"

是的，与他人交流，最重要的就是能够理解对方的话意，能够让彼此的思维都保持在同一个交流频道上，这样才不会造成误解。

善于交流的人通常也善于提问，他们能够通过积极的提问，把话题的中心控制在自己想要交流的范围之内，同时也让对方产生兴趣和好感，最终得到自己预期的结果。

社会心理学中有这样一个概念：自我暴露。它的意思是，一个人自发地、有意识地向另一个人暴露自己真实且重要的信息。简单地说，就是把有关个人的信息告诉他人。

自我暴露，能让我们从他人的口中得到对方真实的想法。在与对方交流时，要想让对方自我暴露并不容易。因为，每个人都有一定的防备心理，对方要不要敞开心扉地与你聊天，取决于你们的沟通质量。

当对方觉得与你沟通很愉快，在高兴的情况下会向你自我暴露，敞开心扉地与你聊天也是有可能的。

那么，要如何让对方觉得与你交流很愉快呢？除了会说话以外，还要会提问。大量资料表明，提问在沟通中起着不可忽视的作用——有时候你的问题问得好，会让对方觉得找到了知音，从而打开心扉与你聊天。

简明在公园散步，他看到一位老爷爷用铁毛笔蘸着清水在地上写字，围观的人都说老人笔锋稳健，字体飘逸，一看就有十多年的功底。

简明从小就喜欢书法，他很想跟老爷爷聊天，顺带向他请教一下该怎么练习书法。他走到老爷爷面前，问道："爷爷，大家都在夸奖您的字写得好，您应该练了很多年吧？我要怎么练才能写得跟您一样好呢？"

老人停下手中的铁毛笔，转身笑着说："小伙子，你也喜欢书法吗？"简明点了点头。

老人缓缓说道："以前我的字写得并不好，东倒西歪的不能见人，后来练了十多年才有了现在的成果。如果你喜欢，我建议你从行草开始练起……"

话题一打开，简明和老人就展开了详细的交流。简明没想到，他只是提了一个问题，就跟老人聊了那么久。

与老人的一席谈话让简明受益匪浅，也让他明白了与他人沟通时，原来会提问是一件很重要的事。

如何提问是一门学问，好的问题能间接地反映出你看了多少书，有过什么样的知识积累，也会让回答的人根据你的提问对你产生大致的评判；不好的问题则会让人觉得你的沟通水平一般，不愿意与你过多地交流。

可以说，提问在人际交往中有着重要的作用。比如，记者在

采访时都会把自己要提的问题列在草稿上并反复修改。因为他们明白，提问过于简单，受访者就会随意作答；问得深入，受访者才会详细、全面地回答。

提问包含着太多的内容，我们必须要重视。

小卢喜欢文学很多年了，他一直有个梦想，那就是出版一本自己写的书。前段时间，他听说师兄出了一本书，于是打电话请教，希望能从师兄那里得到宝贵的建议。

电话接通后，小卢开口道："师兄，先恭喜你出书了！我很羡慕你，因为我也想出书，我想请教该怎么做呢？"

师兄听完后认真地回答道："先谢谢了，但你的问题有点宽泛，你主要是想问什么呢？"

小卢解释说他是想问如何写作，师兄告诉他要多看各类文学书籍，再多练笔，最后多投稿……

小卢一时不明白师兄表达的是什么，就抢着说："我想问的是如何出书。"

师兄耐心地告诉他："出书必须要有作品，你可以先试着写一本书，然后找认识的老师修改一下，没问题再给出版社或者文化公司投稿。"

这时，小卢又问："其实，我是想问怎么才能写出优美的文章，怎么练笔，怎么认识那些厉害的作家，怎么写出一本畅销书挣大钱？"

师兄见他一口气提了那么多问题，没有再回答，说自己还有事，便把电话挂了。

每个人的时间和精力都是有限的，在向他人提问的时候并不是问题越多越好，问得多了会让人不知道该回答哪个问题，也会让人觉得你思维混乱，对你产生不好的印象。

案例中的小卢可能连自己都不知道自己到底想问什么，所以当师兄回答他以后，他想也没想接着又问了很多没有意义的问题。这就是不会提问的典型表现。

既然提问对我们来说很重要，那么，我们在提问时要注意什么呢？

一、不问不妥当的问题

在提问的时候，脑海里要先思考一下自己的问题是否合适，对方会怎么回答。也就是说，要有选择性地提问，不要问一些对方不愿回答的问题，因为这样的提问会影响沟通氛围，也会让对方感到不愉快。

二、问对方感兴趣的细节问题

提问的时候，对方很乐意分享曾让自己有成就感的事。

如果你对对方成功的经历感兴趣，可以问对方是如何取得成功的，让他分享一下细节问题，他会愉快地告诉你。比如，你跟

一个买彩票中了大奖的人聊天，就可以问他买彩票有什么独特的经验，他听后自然会高兴地告诉你。

三、有技巧地问带有深度的问题

当你对某个问题感到疑惑想要深入学习时，要有技巧地向有经验的人提出有深度的问题，这样，他们会觉得你做了功课，从而乐于与你分享相关知识。比如，你看了许多通俗心理学读物后，想了解专业的心理学知识，可以这样向相关人士提问："请问市面上的心理学知识和正规的心理学知识有什么区别？我想系统学习一下，应该如何着手呢？"对方听后，就会告诉你答案。

在与他人沟通时，如果你的话题总是停留在表面，难以收集到想要的信息时，就可以用以上几种方法向对方提问。只要你提问得好，就会发现之前不愿对你说太多话的人，竟然也会跟你交流很多有用的信息。

通过肢体动作，读懂他人的小心思

在沟通的时候，除了要说大量的语言外，人们还会做一些肢体动作。比如，搓手、摸鼻子、跷二郎腿等。这些肢体动作都反映出了说话者某方面的心理活动，读懂它们能为我们了解他人的想法提供帮助。

如果你能够读懂一个人的肢体动作，知道他动作背后潜藏的意思，就能知道他在想什么，从而有选择地改变话题，达到你想要的沟通效果。

严浩是一家公司的人事主管，平时在公司里主要负责对外招聘的工作。在最近的一次人才招聘会上，他淘汰了一个很优秀的面试者，这让实习生小赵大惑不解。

经不住小赵的反复追问，严浩把真正的原因说了出来。原来，在面试过程中，那个面试者一直在揉搓自己的双手，回答问题时也总是东张西望，不敢注视面试官的目光，给人一种心不在焉的感觉。

有着丰富面试经验的严浩由此判断对方是一个不认真的人，而公司需要的是态度端正的人才，所以才没有录用他。

通过一个人的肢体动作，我们能看出他的内心世界吗？

当然可以，一个人的动作能暴露他的内心活动。比如，说话时一直把手放在裤兜里或者抵着大腿，说明他很紧张；说话时抱着双臂、往后倒退一步，说明他没自信；说话时手指向一边，眼睛却看着另一边，说明他在说谎。

可以说，每个细小的动作都是个体心理的外在体现。与他人沟通的时候，注意到说话者的小动作就能知道当时对方的心境，由此方便我们调整自己的沟通思路，选择正确的方式与其沟通。

同样，当你掌握了肢体动作的含义后，就能利用肢体语言与他人沟通，从而取得你想要的沟通效果。

周末，汪燕和闺密小红去市中心的商业街买衣服。小红挑选了很久，终于在一家服装店选中了自己最满意的衣服，不过这件衣服的价钱有些贵，她有些犹豫到底买不买。

这时，导购员走到小红身边，劝她买下来："这件衣服是今年最流行的款式，很多顾客都喜欢。"

导购员说完这话后，两个眼球来回转了转，还用手扶了扶自己的眼镜框。汪燕把这一切看在眼里，就问导购员："衣服还行吧，能优惠一些吗？"

导购员摇了摇头说："这已经是折扣价了，算是最低价了！"说完，她又用手扶了扶鼻梁上的眼镜。

这一动作更加证实了汪燕的猜测，她朝小红眨了眨眼，拉着她就往店外走，说不买了。还没走出门，导购员就对她俩说："等一下，我的权限就是再打个八折，这样行吧？这真的是最低价了，不能再少了！"

汪燕和小红相互望了一眼，高兴地笑了出来。小红付了钱，走出服装店后问汪燕："你怎么知道这件衣服还能打折的？"

汪燕说："导购员说话的时候总是用手去扶眼镜框，眼珠子还打转，这说明她在撒谎，所以我猜还能再优惠点！"

小红听了，笑着说："还是你聪明！"

聪明的汪燕就是看穿了导购员的肢体动作下潜藏着的信息，才让小红以优惠的价格买到了喜欢的衣服。

读懂对方的肢体动作，看穿他的内心世界，这将会对你们的沟通起到事半功倍的效果。

一个人常见的肢体动作都代表了哪些小心思呢？心理学家通过调查得出了下面的观点：

1.不停触摸头发，代表他正处在紧张的状态中。

2.头部上仰，代表着自信果断。其中，向左倾代表享受谈话过程，向右倾则代表他正在思考。

3.双手放在背后或环抱双臂，代表不欣赏、质疑、防御、准备攻击；手挠喉咙或者手放在嘴唇上，则代表不认同，准备发言反击。

4.跷二郎腿、腿脚抖动，代表着清高、自大。

5.身体向前倾，代表他对这个话题很感兴趣；身体向外靠，代表他现在很放松；坐在椅子边上，代表他内心不安、厌烦或有所警觉。

6. 不时用手遮口，代表说话者是一个比较胆小、羞怯的人。

7. 爱拍打自己的头部，代表说话者在懊悔或自责。

8. 爱摊手或耸肩，代表说话者是个随意自在但办事认真的人。

除了要观察他人的肢体动作，我们还可以通过肢体动作拉近与他人的关系。比如，我们可以这样做：

一、保持适当的距离

与人聊天的时候，距离不一样会给人不一样的感觉。通常来说，普通的社交距离为 1 ~ 3 米，这个距离范围是安全距离，也是最保守的距离。

如果你想要与对方亲切地交流，可以试着离对方近一点。比如，跟熟人相处时，可以保持在 46 厘米左右的距离——如果对方接受了你，那么，你就会发现你与对方在心理上更近了。

二、适当地微笑

微笑能够给人带来愉快的心情。在与他人沟通的时候，适当地微笑有助于彼此之间的交流。所谓适当地微笑，就是说在微笑的时候要注意尺度。

有数据显示，一个人微笑的时候，眼睛也会流露出笑意，但由眼睛支撑起的笑容所能维持的时间十分有限，大约在 5 秒钟以内，所以超过了 5 秒钟就是在假笑，而假笑会让对方觉得你不真诚。因此，在对他人微笑时，我们保持在 5 秒钟内就可以了。

三、适当地点头

点头代表着你在认真听对方的谈话，是对对方的一种回馈。如果对方说了半天，你一点儿反应都没有，会让对方觉得你没有兴趣听他说话。

通常来说，当你的点头次数达到 3 次的时候，说话者便会感应到你的认可，从而延长谈话的兴趣。不过，你点头的次数也不能太多，多了，会让对方觉得你是在应付他。

为了表示礼貌和尊重，你只需要适当地点头就好。

在与他人沟通的过程中，当你能够通过观察他人的肢体动作洞察出其心理意图后，就能够及时转换话题，将沟通的主动权掌握在自己手里，从而达到自己的沟通目的。

▶ 通过眼神交流，加强沟通效果

沟通分为语言沟通和非语言沟通。在与他人沟通的过程中，只进行语言沟通是不够的，很多时候，我们还需要进行非语言沟通。

通常来说，非语言沟通就是指用微笑、表情、眼神、肢体动

作等来辅助沟通。

我们先来了解一下眼神沟通方面的知识。

眼睛是心灵的窗户，它能反映出一个人的心理活动。尤其是当你与他人沟通的时候，积极鼓励的眼神会让说话的人受到鼓舞，觉得与你聊天是很开心的事。不仅如此，眼睛还能传递接受、拒绝、怀疑、欣赏等信息。

只要学会恰当地运用眼神，你就能加强沟通的效果，取得意外的收获。

陆苇是一个很会使用眼神与他人交流的人，朋友们说，每次跟她交流都会觉得内心充满了力量。

原来，陆苇是大家眼中的知心姐姐，朋友中谁有烦心事都会找她倾诉。因为，她与别人不一样，她很善于用眼神与人交流。

有一次，小刘遇到了烦心事，哭着向陆苇倾诉。陆苇一边认真听，一边静静看着他，耐心地说："放心，我在听，你慢慢讲！"

当遇到不明白的地方时，陆苇会将疑问说出来，并用关切的眼神望着对方说："你刚才想表达的是……这个意思吗？"

在安慰对方时，陆苇也会看着对方说："刚才我说清楚了吗？你理解我的意思吗？"

不管是谁，只要跟陆苇交流，都会觉得自己受到了重视。

陆苇自己可能不知道，正是因为她懂得用眼神与人交流，才让朋友觉得她与众不同，谁有什么烦心事都愿意找她倾诉。

心理学家经研究发现，要想让别人关注你，那么，你说话的时候就一定要用眼神与他人交流，让对方觉得你很尊重他。

在沟通中，如果你一直低着头自说自话，不与对方互动，只会让对方产生反感，不管你讲得多好，对方都会觉得自己被忽视了，没有跟你一起交流的感觉。而用眼神与人交流，不仅是对他人的尊重，同时也是一种自信的表现。

有一次，苏红和朋友去餐馆吃饭，发生了一件让她感到很诧异的事。

那天她心情很好，在点菜的时候破天荒地对服务员微笑了一下。点完菜后，她又真诚地看了一眼服务员，这与往日的她完全不一样。

平时，她去饭馆吃饭时都只是默默地点菜，吃完饭后就直接买单离开了，整个过程中她从来不看服务员一眼。结果，那天她临走前，服务员开心地对她说："我以为顾客都是很高傲的人呢，没想到你也有亲切的一面。"

于是，苏红跟服务员愉快地聊了几句，最后买单的时候服务员还给了她一张优惠券，这完全出乎她的意料。

苏红只是跟服务员用眼神交流了一下，没想到就让服务员对她另眼相看。

你看，这就是眼神交流的魅力。

你别不相信，眼神确实能传递很多信息，心理学家经过调查得出这样一个规律：在与他人交流时，一个人如果眼神向右下方看，说明他在认真听对方说话；眼神向右上方看，说明他正在用视觉感受你说的话；眼神向左上方看，说明他可能在思考对话内容；眼神向前方看，则说明他真正地听到心里去了。

这告诉我们，跟别人说话或打招呼时，你一定要看着对方的眼睛，通过分析眼神传递出的信息，有选择地与对方交流，这样能让你们的交流更加顺畅。

当然，你也需要注意自己的眼神，因为别人也会通过你眼神里传达的信息判断如何与你相处。举例来说，坚定的眼神代表说话自信，飘忽的眼神则代表说谎和不礼貌。

当你用坚定的眼神与他人交流时，对方自然愿意与你坦诚交流。相反，当你的眼神飘忽不定地与他人交流时，对方感受不到你的诚意，自然不会真诚地与你交流。

具体来说，与他人进行眼神交流时，我们要注意哪些细节呢？

一、不要长时间地盯着别人看

在与他人交流时，长时间盯着别人看是一种不礼貌的行为，这很容易引起对方的反感，尤其是初次见面的人，对方会觉得不自在。标准的注视时间是交谈时间的 30% ～ 60%，你可以根据与对方谈话的内容和性质控制注视时长，让对方觉得与你交流很自然，没有约束。

二、不要总是转动眼球

在注视对方的时候，眼球难免会转动，但是你频繁地转动眼球，就很容易让对方觉得你没有认真倾听。尤其是在对方说错了话的时候，你迅速转动眼球会让对方心生不快，觉得你是在嘲笑他，从而给你们之间的交流带来不利影响。

三、要有顺序地用眼神注视对方

在倾听他人讲话时，你可以采用这样的方法：先看着对方的一只眼睛，5 秒钟后再看他的另一只眼睛。再过 5 秒钟后，可以看他的嘴巴。

保持这样的顺序进行，同时适当地点头并积极参与对方的谈话，这样一来对方会觉得受到了尊重，从而愿意与你深入地交流。

心理学家说，人类的"眼神交流"从两岁时就开始了。生活中，那些交流高手不仅经常使用口语交流，还善于使用眼神去

交流。

如果你想成为一个交际高手，那么从现在开始好好学习眼神交流吧！这会让你与他人的沟通变得越来越顺利，也会让你早日实现自己的梦想。

懂点心理学，让沟通更加顺畅

在与他人交往时，我们通常会忘了别人说过什么话，却会记得他留给我们的印象。为什么会出现这种情况呢？

心理学上的首因效应和近因效应是两个概念。首因效应，是指最初接触到的信息所形成的印象对我们以后的行为活动和评价的影响，也就是人们常说的"第一印象"，它会在人们的脑海里保留很长一段时间。

与首因效应相反，近因效应是指，当人们接触一系列事物时，对末尾部分的记忆效果优于中间部分的现象。

通俗地说，近因效应是指交往中最后一次见面给人留下的印象，这个印象在对方的脑海中也会存留很长时间。与他人沟通时，运用好首因效应和近因效应将会使你在他人脑海里的印象更加深刻，从而能让你与他人更好地交流。

我们先来看首因效应的魔力吧。

参加完朋友的婚礼后，韩辰打顺风车回家。司机通过后视镜看了韩辰很久，想了一会儿，问："你是南京大学毕业的韩辰吧？"

韩辰点了点头，但他对司机很陌生，就问他是哪位。

司机确认了韩辰的名字后，激动地说："你还记得 10 年前学校举行的一场辩论赛吗？我是反方一辩手顾羽。"

韩辰这才想起来，大一那年他报名参加了学校举行的辩论赛，当时的辩题是"金钱是不是万能的"，他作为正方一辩代表学院参加比赛，得了全校第一名，还获得了"最佳辩手"的称号。

他和顾羽的那场辩论很激烈，当时观众们也听得大呼过瘾，赛场上不时响起雷鸣般的掌声。辩论结束后，他们没有怎么接触过，没想到 10 年后顾羽竟然还记得他。

顾羽对他说："你不知道，当时你气定神闲、旁征博引的辩论把我都惊呆了，虽然我自认为看书不少，但内心对你很是佩服，你给我留下了深刻的印象呢！"

紧接着，两个人就打开了话题，聊起当年上大学的点点滴滴。

下车的时候，顾羽没有收韩辰的车费，两人还互相加了微信，约好改天再举行"辩论赛"一决高下呢！

只是辩论赛上的一次交锋，就让分开 10 年的同学再次亲密

交谈，由此可见，第一印象对沟通起着不可小觑的作用。

卡耐基说过："良好的第一印象是登堂入室的门票。"这提醒我们，在与他人沟通时一定要好好表现，尽量给他人留下良好的印象。

当然，在沟通中除了第一印象很重要外，最后的印象也很重要，也就是上面所说的近因效应。

首因效应一般运用在沟通的开头或者中间，而近因效应则运用在沟通快要结束的时候，例如下面这个案例。

小章喜欢在美团上点外卖，没想到他竟然还因此交到了一个好朋友。事情的经过是这样的：有一次，他像往常一样在美团上点餐，但等了一个多小时，骑手才急匆匆地把美食送到他手里。骑手对他说："对不起，刚在路上堵车了，我不小心把你点的汤弄洒了，非常抱歉。"

小章仔细看了看外卖，发现他最爱喝的芙蓉蛋花汤果然少了一半，本来他想发脾气骂对方一顿，只是当他看到骑手额头上的汗珠时，立即收住了想要骂出口的话。他转身在办公桌的柜子里取出一条新买的毛巾递给了骑手："没关系，辛苦你了，这条毛巾送给你，你拿去擦擦汗吧。"

骑手再三推辞，小章笑着说："就当是送给朋友的礼物，你们老板不会说什么的，对吗？"

见状，骑手只好收下。当他要离开时，小章又对他说："来，握个手吧，很高兴认识你！"

从此以后，只要小章点外卖，骑手接到单子后就会在20分钟之内把美食送给他。

骑手说，正是因为小章最后跟他握手的举动，让他知道小章是个善良的人，可以当成朋友交往。

在社交中，第一印象和最后的印象同样重要，这会让你的形象在对方的脑海里加深，让对方记住你。

如果你想赢得他人的好感，那么，一定要在社交中好好运用首因效应和近因效应，也就是给他人留下好的第一印象和最后的印象。

具体要怎样才能做到呢？可以从下面几点来考虑：

一、控制自己的小动作

细节决定成败。在与他人沟通的时候，你的小动作越多，越会让人对你的印象大打折扣，所以你必须学会控制自己的小动作。

举例来说，在与他人交谈时，不要坐立不安、动来动去，特别是不要做出抖腿等不雅观的动作。

二、生动描述自己的个人信息

当别人询问你的个人信息时，说明他很想了解你，这时候你

要生动地介绍自己，这样别人才会记得你。比如，你可以将自己名字的寓意生动地告诉对方，将工作的细节或者趣闻逸事有针对性地告诉对方。

这样一来，你才能有与对方进行深入交流的机会。

三、临别时给对方一个拥抱

拥抱具有关心、爱护等含义，因此，在谈话结束后，你可以给对方一个深切的拥抱，这会让对方感受到你对他的关怀，也能够为下一次你们的交流打下基础。因为，分开后即使你说的话对方可能不记得了，但他会记得你们拥抱的画面，这能在无形中给你增加不少印象分。

人际交往，是不断结识朋友、扩大人脉圈的过程。而沟通是人际交往中最基本的一门艺术，如果你要想获得好的人脉圈，就必须学会沟通这门艺术。

首因效应和近因效应在沟通中起着重要作用，当你在沟通中能正确运用这两个效应后，你便能获得自己想要的沟通效果以及想要的人脉圈子。

第六章

会沟通的人，运气都不会差

　　如果你与他人沟通得好，你会发现自己对生活、工作都充满了激情。如果沟通得不好，你会觉得自己身边有一大堆麻烦。

▶ 会沟通的人，运气都不会差

在生活中，每天我们都需要与许多人展开对话，比如与家人、朋友、老师、同事等。而我们与他人展开对话的过程，就称为沟通。

如果你与他人沟通得好，你会发现对生活、工作都充满了激情。如果沟通得不好，你会觉得自己身边有一大堆麻烦。

所以说，生活中的一切事情都与沟通有关。有时候，沟通就是一种神奇的力量，它能给你带来好运，让你获得成功。

沟通本来是指开通河流的沟渠，以使两水相通，后来泛指人际交往中谈话双方相互交流，彼此统一意见。简单地说，就是不管在什么场合，遇到什么人，你都能说出得体的话，让对方听着舒服并且跟着你的思维走，最后与你达成共同意见，实现你想要的沟通目的。

首先我们要明白一点，在这个世界上大家是彼此联系在一起的，不管从事什么职业，你都需要与人保持沟通。

杨娜是校记者团编辑部的一名干事，最近学校运动会正在如火如荼地举行着，老师安排她和摄影部的小琼负责去现场采访，做好跟踪报道的工作。

本来，老师的要求是杨娜负责写新闻稿，小琼负责提供照片，最后以图文并茂的形式反馈给老师。由于是赛事报道，老师要求每一项比赛成绩出来后，杨娜要在第一时间编辑好稿子迅速发给老师，老师校对一遍，没问题后再发到校报上以专栏的形式进行系列报道。

但是，当老师收到杨娜的新闻稿后非常不满，因为她只发送了文字并没有配图。老师打电话问杨娜是怎么回事，杨娜辩解说："我们到运动会现场后，小琼就不知道去哪儿了。我觉得稿子重要，就先写好文字稿发给您了。如果现在需要照片，我赶紧去找小琼要。"

听完杨娜的解释后，老师严肃地对她说："杨娜啊，你要知道拍照需要跟随运动员不停地移动，我让你们共同负责报道这件事，你们事先就要沟通好怎么去配合，只有共同合作，你们才能做出完美的稿子呀！"

杨娜这才知道自己错在了哪里，她向老师保证一会儿就去找小琼好好沟通，一定不会让老师失望。

在这个世界上，没有人是独立的孤岛，每个人都离不开与他人的交往，而说到交往，自然就离不开沟通。像上面故事中的杨娜，如果她能在写新闻稿之前跟小琼沟通好，及时地把图片添加

到稿子里，还会遭到老师的批评吗？

沟通不仅是人和人之间建立关系的桥梁，更是化解矛盾的关键。我们要想在工作和生活中取得满意的效果，就必须学会与他人沟通，建立良好的关系，而不是在自己的世界里按照自己的认知去工作和生活。

李莎带着简历去一家公司应聘，结果 HR 说她的专业不符合要求，拒绝录用她。

李莎心想，既然公司不录用，那就回家吧。可她突然想到，来的时候自己坐了很久的公交车，如果就这么回去了，不甘心呀！于是，她抱着试一试的心态对 HR 说："虽然我的专业不符合招聘岗位，但是我的学习能力很强，在大学当过学生会主席，有一定的管理经验。我非常愿意与贵公司共同成长，希望公司能给我一个机会。"

听李莎这么一说，HR 居然点头同意了。最后，李莎凭借过硬的实力通过面试，成了公司的一员。

李莎本来是要被淘汰的，但是她用"动之以情，晓之以理"的沟通技巧打动了 HR，为自己赢得了工作机会。可以说，这是会沟通给李莎带来的好运气！

在交际中，人们常常会出现误解、冲突、疏远等情况，这时候，如果能够运用好沟通这门艺术，就能打开他人的心扉为自己赢得一个机会。

周末，小尹和阿正去看电影《无双》，由于堵车，到电影院后他们发现还有5分钟电影就要开始了。不巧的是，电影院在商场的五楼，此时电梯口排了很长的队，如果排队等下去，他们很可能会错过电影的开头部分。

于是，小尹找到工作人员，诚恳地说："你好，我们要看的电影还有5分钟就要开始了，但是电梯口排了很长的队，你是否能维持一下排队的先后顺序，让我们先乘坐。谢谢你了！"

工作人员点了点头，将小尹和阿正带到电梯口，对所有人说："请大家看一看手中的电影票，电影即将开始的顾客请到前面排队，去购物城的顾客也配合一下，谢谢大家。"

就这样，小尹和阿正按时进入了电影院。

正是因为真诚的表达，小尹才赢得了沟通效果。当然，类似小尹这样的事例在生活中还有很多。许多时候，我们对他人产生好感，通常不是因为他们的长相、着装，而是因为他们说话的时候给我们留下的好印象。

与人沟通是一门学问，那么，如何沟通才能达到自己的目的，为自己带来好运呢？我们可以运用下面的知识：

一、做好沟通前的准备

所谓"知己知彼，百战不殆"，因此，在与他人沟通之前，要先做好充足的准备，这样才更有可能赢得胜利。具体说，你要先想想沟通的对象和目的，对方想要听到什么内容，你要如何组织好自己的语言，先说什么后说什么等。这样，等到真正沟通的时候，你就能轻松地应对。

二、塑造美好的印象

沟通的时候，好的印象会让别人对你产生深刻的记忆。比如，你要穿着得体，在说话前要注意基本的社交礼仪——使用礼貌的称呼、说话时保持微笑等。

这些虽然是细节，却会让与你交流的人感觉你是一个有素质、有涵养的人，无形中会为你的人品加分，为你的沟通加分。

三、选择合适的沟通环境

心理学家研究表明，舒适的环境有助于一个人放松自己的心情，在舒适的环境里去沟通交流，更能取得好的效果。例如，跟客户谈生意可以选择去环境优雅的咖啡厅，而不是在人声嘈杂的饭店。

四、围绕对方所关心的内容进行交流

在交流的时候，你不能一直说自己感兴趣的话题，还要考虑到对方的兴趣点在哪里，他们更想知道哪些信息。你只有说出对方感兴趣的内容，他们才愿意与你保持长时间的交流。

当然，沟通是一门涉及面很广的艺术，上面只是简单地介绍了几种常见的知识，更多的知识还需要你在生活中自己去努力实践，进行总结。相信通过一段时间的摸索后，你就会成为一个社交达人，并获得更多成功的机会。

➤ 保持婚姻幸福的"小偏方"

热恋中的情侣走入婚姻后，往往会发现自己期盼了很久的婚姻并没有想象的那么美好。

原本英俊潇洒的丈夫变得邋遢不堪，原本善解人意的妻子也变得唠唠叨叨。柴米油盐酱醋茶的现实生活，让原本甜蜜的恋人开始对婚姻有了怨言。

时间久了，夫妻间的恩爱渐渐消失了，变成了一言不合就拌嘴，再也找不回当初的幸福，夫妻俩开始怀疑婚姻是否真的是爱情的坟墓。

其实，婚姻幸不幸福，很多时候都与夫妻之间是否会沟通有关。换句话说，如果夫妻之间能做到有效沟通，婚姻就会比想象中的要幸福许多。

保持婚姻幸福的"小偏方"是什么呢？我们先看看邱云的故事。

邱云结婚后，每隔几天就会跟妻子吵架。这不，他看到堆了几天的衣服没洗，于是对妻子说："从来没见过你这么懒的女人，衣服都放在那儿好几天了也不知道洗。"

妻子听后反驳说："那是我自己的衣服，我需要穿的时候自然会洗，要你管呀？"

过了一会儿，邱云看妻子在玩微信，就劝她不要玩了。妻子生气地说："凭什么不让我玩微信，你自己还不是天天打游戏？真是只许州官放火，不许百姓点灯。"

每次上街前，妻子都会在镜子前化一个多小时的妆，这让邱云很生气。有一次，他忍不住对妻子大吼："你有完没完，化妆后像个鬼一样，还天天这样做。"

妻子听后愤怒极了，拿起化妆盒就朝邱云砸去，还说日子没法过了，要离婚。后来还是双方家长都来劝说，两人才和好如初。虽然两个人都保证以后好好说话，不攻击对方，但他们再也找不到当初谈恋爱时的感觉了。

恋爱的时候，我们会把心目中的另一半想象得很美好，哪怕对方的缺点再多，但"情人眼里出西施"，另一半在我们的心里也是完美无瑕的。

可结了婚过日子后，另一半的缺点就会渐渐地显现出来并被无限扩大，到最后演变成夫妻之间争吵的源头——任何一方都不愿意让步，觉得都是对方蛮不讲理，是对方的错，非要争个输赢。

其实，走入婚姻的人一定要懂得这个道理：婚姻是需要两个人用心经营的。

老王和妻子结婚已经有 20 年了，结婚以后他们从来没有吵过架，这让周围的朋友都羡慕不已。

有一次朋友聚会，在饭桌上，朋友们都纷纷打听老王是如何跟妻子相处的，老王就讲了下面这个故事。

有一天，妻子很晚才回家，她的衣服上竟然有男士香水的味道。老王没有生气，也没有刨根问底，反而关心地问道："亲爱的，你吃晚饭了吗？我去厨房帮你热热饭吧。"

妻子回答说自己一直在单位加班，还没吃饭。等老王把饭菜热好端到妻子面前时，妻子突然从包里掏出一瓶香水，对老王说："亲爱的，下班后我去商场逛了逛，过几天就是你的生日了，所以买瓶香水送给你。这瓶香水我喷在衣服上试过了，味道很好闻。"

老王接过香水，马上转过头，因为他感觉眼泪要流出来了。如果一开始他因为闻到妻子身上有男士香水的味道就跟她吵架，

那一定会让她寒心。

最后，老王对朋友们说："我和妻子之所以婚姻和谐，只是因为我们之间一直都互相信任、互相尊重而已。"

婚姻中，夫妻间如何相处是一门学问，表现在沟通上也是一样的。当夫妻之间发生矛盾的时候，怎样沟通才不会伤了夫妻之间的和气，是每对夫妻都要认真思考的一个问题。

通常来说，要想保持婚姻幸福，夫妻之间的沟通要注意以下几点：

一、不要轻易攻击对方

夫妻之间有了矛盾时，要学会先给对方解释的机会，而不是先入为主地就给对方下结论。比如，你还不了解事情的经过，就说："你不用说了，就是你的错！"正确的方法是先等对方把话说完，针对有疑问的地方好好沟通，不能自以为是地攻击对方。

二、不要总是婆婆妈妈地翻旧账

夫妻之间有矛盾的时候，不要把以前的事情拿来说个不停，过去的事情已经过去了，这会让对方觉得无聊并且感到寒心。比如，每次吵架的时候，老公都对妻子说："这么多年了，你还留着前男友送你的钱包，你是不是还没有忘记他？"

面对夫妻之间的误会要学会就事论事，点到为止说清楚就好。要知道，把过去的事情拿来说，对解决当下的问题完全没有帮助，反而越说问题会越严重。

三、不要总拿离婚来威胁

夫妻之间争吵时常常会失去理智，但不能动不动就把离婚挂在嘴边，这会让对方觉得你不珍惜这段婚姻。说离婚的次数多了，很容易让对方一气之下真的去离婚，到时候后悔都来不及了。

四、学会关心对方的感情诉求

婚姻是需要经营的，妻子或者老公回到家都想得到另一半的温暖。因此，平时在生活中要注意关心对方，如果妻子的生理期到了，丈夫要主动承担家务；如果丈夫在工作中受到了挫折，妻子要学会安慰和鼓励。

总之，夫妻之间要学会关心对方，让彼此感受到另一半的温暖，感受到家是温馨的港湾。

婚姻并不是爱情的坟墓，有的人之所以感受不到婚姻的温暖，只是因为他跟另一半的沟通出了问题。

如果你觉得自己的婚姻出了问题，不妨试试上面介绍的"小偏方"。再跟另一半沟通时，你会发现婚姻竟然与之前完全不一样，原来自己的婚姻也能变得幸福美满。

➤ 找出最快跟人拉近距离的话题

你有没有过类似的经历：跟家人、朋友聊天的时候，你能言善道，但跟初次见面的陌生人聊天时，你却拘谨得一句话也说不出来。

其实，跟陌生人聊天并不难。每个人都是从陌生到熟悉的，它只是需要一个过程而已，只要你掌握了正确的沟通方法，就能轻松地跟任何人聊天。

彭勇在学校举行的晚会现场遇到了令他心动的女孩，他想都没想就走到女孩面前表达爱意："美女，咱们交个朋友吧，你能把电话号码给我吗？"

女孩看了他一眼，面无表情地说："抱歉，不能。"说完，女孩就走开了。

舍友知道这件事以后，都说彭勇没脑子，人家都不认识你，怎么可能给你留电话号码呢？

彭勇想了想，发现确实是自己太唐突了。毕竟在跟陌生人沟通时，每个人都会抱着提防心理，你冒失地跟女孩要电话号码，自然会引起对方的反感。

要想跟陌生人愉快地聊天，事先一定要准备好话题，以免出现尬聊，甚至觉得你是在骚扰他。即使你心思单纯，只是想跟他交个朋友，但对方会觉得你的人品有问题，不愿意给你交流的机会。

我们该如何跟初次见面的人交流呢？来看看柳月的故事。

快到国庆节黄金周了，柳月早就计划好了到北京旅游。

来到北京之后，为了省钱，柳月没有住快捷酒店，而是选择住在青年旅社。

青年旅社与快捷酒店不同，一个房间里能住好几名房客。柳月住进来的时候，其他 3 名房客正在聊天。她看大家都是同龄人，于是微笑着跟大家打招呼："大家好，请问你们也是来北京旅游的吗？大家都准备去哪里游玩呢？"

听柳月打招呼，大家都聚过来跟她聊起天。

柳月继续说："我叫柳月，'杨柳岸，晓风残月'的意思。初次见面，还请大家多多关照。"

"你的名字真有意思，竟然出自柳永的词《雨霖铃》，想必你很喜欢诗词吧？"一个女孩问道。

接着，柳月就跟这个女孩聊起了诗词。

没想到，这个话题让大家都打开了话匣子。柳月得知，这 3

个女孩是大学同学，彼此结伴来北京旅游，并且她们都是诗词爱好者。所以，她们得知柳月也喜欢诗词后，立即拉她加入话题，还约好第二天一起去爬长城。

就这样，因为一句特别的自我介绍，柳月交到了新朋友。由于初次见面的人并不了解彼此，所以在交流的时候要说出能够吸引对方的话题，才有可能展开交流。比如，可以通过讲笑话让对方觉得你是一个有趣的人，把注意力集中到你身上。

接着，你就能与对方展开话题了。

有一次，小琳应朋友邀请参加了他的生日聚会。在聚会现场，她看到一个女孩孤独地坐在角落里，与聚会热闹的气氛形成了鲜明的对比。

小琳走过去跟女孩打招呼："朋友，你看起来好像有些失落呢！"

对方回答道："孤独是一个人的狂欢，狂欢是一群人的孤独。"

小琳觉得对方的回答很精辟，就顺口问："什么是狂欢，什么是孤独？"

没想到这个话题让两个人进入了无话不谈的模式，她们聊最近新播的电视剧，聊最近流行的衣服以及各自的生活状况。她们越聊越开心，聚会都散场了她们还意犹未尽。

小琳和女孩互加了微信，女孩得知小琳在美容院上班后，还去她的店里体验过美容项目，不但办了会员卡，还介绍了很多朋友找她做美容。

很多时候，生意都是通过沟通促成的。如果一开始小琳就对女孩说："你好，你需要做美容吗？需要的话可以到我店里做。"这样的开场白只会引起别人的反感。聪明的小琳没有直奔主题，而是用一句关心的话打开了对方的心扉，过后两人还成了朋友。

可能你会说，这只是一个巧合。但你不能否认，与陌生人聊天，最重要的就是让对方觉得与你交流很开心，这样对方才愿意跟你聊天。

陌生人的心并不是冰冷的，只要你的沟通方法得当，就能迅速与他成为朋友。你可以试试下面的方法：

一、寻找聊天的话题

当你不知道如何跟陌生人说话时，可以从他的姓名、年龄、职业、穿着等特征切入话题，或者从你们所处的环境中寻找话题来交流。总之，就是找一些轻松的话题跟对方交流。比如，对方是医生，你可以这样打开话题："听说你们医生的工作都很累，是真的吗？"

二、真诚地赞美对方

赞美能调动他人的情绪，让他们觉得自己被赏识。与陌生人

聊天时，你可以对他的衣服、发型等进行称赞。比如，你可以这样夸赞对方："你的衣服看起来很特别，除了显出气质外，还有一种说不出来的韵味，你能告诉我在哪里买的吗？"

这样一来，对方心里就会美滋滋的，更愿意跟你交流。不过，要注意的是，赞美对方的时候一定要真诚，并且说明自己的理由，否则会让人觉得你很虚伪，是在敷衍他。

三、要迅速寻找共同话题

与陌生人聊天，最怕的就是说着说着两个人没有话题了，导致气氛陷入尴尬的局面。避免尴尬出现的方法就是，在谈话的过程中注意收集对方的关键词。比如，对方一直在说性格、命运等话题时，你可以问对方："你是不是很喜欢星座或者研究心理学知识呀？"

通过这样的询问，找到你跟对方都很关注的话题，一直聊下去，就不会出现你担心的冷场问题。

四、要有逻辑地说话

话不在多而在精，这对于与陌生人交流来说同样受用。在与陌生人说话的时候，即便你有太多话想说，也要学会精简自己的语言。比如，用首先、其次、然后等关联词语，让对方觉得你说的话言简意赅，而不是长篇累牍。

五、不要问太多为什么

与陌生人交流的时候，对方不会毫无保留地把什么都告诉你。遇到不明白的地方，也不能一直刨根问底，这样只会让对方反感。比如，你问多了，对方会说："你谁啊，我跟你很熟吗？"这样只会让之前建立起来的沟通成为泡影。

遇到不清楚的地方，保持沉默就好。他愿意跟你说明白的话，不用你问，他也会主动跟你说的。

与陌生人沟通，最重要的就是保持真诚的态度，把握好话题的分寸。当对方愿意与你坦诚交流后，你才能跟对方像朋友一样说话。

在此之前，你能做的就是认真倾听并积极回应，时间久了，你会觉得跟陌生人聊天能学到许多新知识，并且还是一件愉快的事情。

巧妙运用两种提问技巧

我们都知道，现代社会是一个交际社会，无论你是什么人，从事着什么行业，都离不开与人交流。而且，我们只有多与他人交流，才能获取自己想要的信息。也就是说，在生活中沟通对人们起着至关重要的作用。

但是，并不是所有的沟通都是有效沟通。一场对话中，双方都感觉愉快友好，并且都达到各自的目的了，才算是有效沟通。

沟通最重要的目的就是互换信息、传递情感，要想达到这样的目的，我们需要掌握许多沟通技巧。

下面，我们来具体了解两种询问技巧：开放式提问和封闭式提问。

一、开放式提问

所谓开放式提问，通常以"什么""为什么""如何""能不能"等来展开，答案是没有限制的，听者能就自己的意愿做出具体的回答。这一沟通技巧经常被心理咨询师使用，它能使心理咨询师更全面地收集来访者的信息。

在日常生活中，开放式提问也被人们广泛运用。例如，跟初次见面的朋友聊天时，你问他："平时你都有些什么业余爱好呢？"他听后就会回答，爱好唱歌、读书、看电影、户外运动等。

这其中所采用的提问方式就属于开放式提问，你只是给了对方一个大概方向，他会根据自己的情况作答。这样一来，你们就会找到双方都感兴趣的话题，然后以这个话题展开深入沟通。

可以说，开放式提问是一种很好的沟通技巧，它能让人们在交流中收获意想不到的效果。

在生意场上，开放式提问有着广泛的运用。比如，周末你去买衣服，进了一家服装店后，本来只想随便逛逛并不打算买，但销售员简单问你一个问题后，你会把之前的想法抛之脑后，莫名其妙地就买了。

销售员通常会这样问："你好，我们这里有一些刚到的新款衣服，请问你喜欢什么款式的呢？"

这时，你会被她的话题吸引，忘记"只是逛逛"的想法，跟她说起自己喜欢的衣服款式，然后销售员就会根据你提供的信息推荐适合你的衣服。最后，如果你真的喜欢那款衣服，自然就会花钱买下它。

在这个沟通过程中，销售员就是运用了开放式提问的技巧。她先跟你热情地交流，用一个可以随意回答的问题打开话匣子，让你提供相关信息。然后，她又根据你话里的信息继续展开交流，最终达到销售衣服的目的。

这给了我们一定的启示：当你想收集对方更多的信息时，也可以采用开放式提问，以某个问题为突破口打开话题，让对方跟着自己的思维走，从而达到你想要的目的。

当然，仅使用开放式提问还不够，因为这个沟通技巧只适合收集信息，但不适合明确信息，对那些我们想要缩小范围的答案，没有太多帮助。

二、封闭式提问

为了让我们的沟通更加有效，我们还得学会另一种提问技

巧，即封闭式提问。

简单来说，封闭式提问与开放式提问刚好相反，它的答案是唯一的，在提问时给对方一个框架，让对方只能在框架里作答。它通常使用"是不是""要不要""有没有""对不对"等提问，而回答者通常用"是"或"不是"来回答。

很明显，这种提问能缩小谈话范围，方便提问者更快地收集信息。在心理咨询中，当来访者的叙述偏离主题时，封闭式提问就能立刻派上用场。

同理，在与他人交流时，我们也可以用封闭式提问锁定话题，获取想要的信息。例如，你要跟朋友出去旅游，朋友没有方向，不知道去哪里时，你可以这样问他："你是想去南方的城市，还是北方的城市呢？"他听后会按你提供的"南方"和"北方"两个关键词来思考，然后选择其中一个来回答。

这时你可以继续问："你是想去沿海城市，还是有山有水的城市呢？"

这样问就又把问题固定了，他会通过思考，说出自己心目中的答案。而你则可以就自己的观点跟他深入地交流，最后再筛选出你们都想去的城市。

在这个过程里，封闭式提问就帮了你很大的忙。

除了日常交流外，封闭式提问在生意场上也被广泛使用，我们仍然以销售服装为例：当你在服装店挑选了几件衣服，正在为究竟买哪一件衣服犹豫不决时，销售员通常会问你一句话，瞬间你就会打消顾虑，愉快地做出决定。

在实际生活中，聪明老练的销售员见多识广，通常她会这样问你："你是要买做活动价格的 A 款，还是买不做活动但更加适合你身材的 B 款呢？"

你听后心里马上就有了底，这时，销售员再具体说明 A 款和 B 款之间的区别，你在权衡两者的优缺点后，会很快做出买哪件衣服的决定。

一句话就能促成一单生意，这就是封闭式提问的独特魅力！

封闭式提问的例子有很多，在影视剧中，我们常常看到律师在跟犯罪嫌疑人就某件事的具体细节辩论时，他们通常用这样的方式来进行提问："请问，当时你在现场吗？"

嫌疑人听后只能回答"在"或者"不在"两者中的一种情况，这样一来，关键信息瞬间就被律师掌握了。

当律师想要了解更多的信息时，他通常会采用这样的提问方式："能不能具体谈谈你是如何谋害被害人的？"这样一来，犯罪嫌疑人就会详细描述事情的经过。毫无疑问，律师在这里运用了开放式提问的技巧。

虽然开放式提问和封闭式提问有不同的特点，但在与他人交流的过程中，它们却形影不离，你要根据对话内容和谈话需求交

叉使用。

生活中，当你与他人交流时，如果对方说了很多不知所云的话，你就要使用封闭式提问了。你可以问："请问你讲的是不是……"对方听后会针对你提出的问题做肯定或否定回答，然后你根据对方的回答理清自己的思路，做出相应的归纳整理。

当你对对方所讲的细节不清楚时，可以采用开放式提问。例如这样问："你能不能再描述一下具体情况？"这样，你就能得知更多的细节。

只要掌握了这两种提问技巧，在与他人谈话时会更加有底气。

当然，提问的技巧除了文中提到的开放式提问和封闭式提问外，还有很多种，比如心理学中还有半开放式提问技巧。

半开放式提问技巧又称限制性的开放式提问，它有一定的限制但又能让对方做出广泛的回答。比如，老师问："除了在学习方面，你还有什么困难吗？"这样的半开放式提问，集合了开放式提问和封闭式提问的优点，让我们的沟通水平又上升了一个层面。

总之，我们要明白，在与他人沟通时，听对方说话很重要，问对方问题也很重要。只要我们在提问时多想想对方会怎么回答，自己想要什么样的答案，从而选择一个有利于自己的提问方式进行交流，那么，我们就能轻易达到沟通的目的。

▶ 销售精英都是这样沟通的

如果你经常逛商场，你就会发现大多数销售员看到你后都会主动搭讪，然后微笑着推销商品。他们的目的很简单，就是希望通过自己耐心的讲解让你买下商品，从而提升自己的业绩。

销售是一门学问，由于销售员需要面对各种各样的顾客，所以，销售员不仅要了解商品的性能，还要学会跟顾客沟通。当然，最重要的还是如何与顾客沟通——只有实现有效沟通，顾客才有可能购买你的商品。

懂得与顾客沟通的销售员，才算得上是优秀的销售员。

方敏是化妆品柜台的销售员，有一天，一位顾客来买化妆品，她是这样跟顾客沟通的。

"您好，请问您需要什么类型的产品呢？"

顾客没有理会方敏。这时，方敏看到顾客拿起一盒面霜，就对顾客说："这款产品的功效特别好，有些明星都在使用，您现在购买，我们还会送一套试用装。"

顾客问："它的功效是什么呢？"

方敏笑着说："这款产品是纯天然的植物配方加工而成，有补水美颜的功效，适用任何肤质，您可以放心购买。"

顾客问："这款面霜需要多少钱？"

方敏眼看订单就要到手了，急着说："现在厂家做活动，打完折才 889 元，您是现金支付还是微信支付呢？"她一边说，一边拿出收据单。

顾客瞪了她一眼，说："其他店里这款产品的活动价才 680 元，你们这个价格怎么贵那么多呢？"

方敏知道顾客有些犹豫，急忙解释说："这款产品的价格是全国统一的，至于您说其他店的价格更便宜，可能您看的不是同一款产品。"

顾客拿起另一款产品问："这款产品和那款产品的区别在哪里？"

方敏回答说："这款产品也有美颜补水的功效，但它不适合所有肤质，我建议您还是购买刚才那款产品，它具有补水美颜的功效……"

听她这么说，顾客顿时生气了："你凭什么断定我需要补水美颜功效的产品？我需要的是具有祛痘功效的产品。"说完，她扭头就走了。

在整个销售过程中，方敏的话语都缺乏说服力，最重要的是，她根本就不知道顾客的需求是什么，想购买什么效果的产品。自始至终，她都只是在自顾自地做推销，连什么时候得罪了顾客都不知道，所以，顾客不买她推荐的产品也就不足为奇了。

在销售过程中，销售员除了要为顾客讲解产品的性能，还要为顾客提供优质的服务。假如你用真诚的服务征服了顾客，顾客也会因为不买产品而产生内疚心理。假如能做到这一点，你就是一名有水平的销售员。

蒋蓉在一家超市上班，她的工作是负责推销 ×× 牌子的洗发液。

有一次，有位顾客在日用品区站了很久，蒋蓉注意到他后，就走过去问道："您好，请问您需要买什么呢？"

顾客回答："我想买一瓶洗发液，可是我不知道买哪一款。"

蒋蓉问："那您需要什么功效的洗发液呢？"

顾客说："我的头发很爱出油，所以我必须每隔两天洗一次头发，否则就会觉得头皮难受。"

蒋蓉从货架上拿下来自己负责推销的洗发液，说："这个牌子的洗发液具有控油效果，80% 左右的顾客用了之后都会再次来买。"

顾客看了一眼，好奇地问："是吗？可我没有听说过也没有用过这个牌子的洗发液！"

蒋蓉说："专家说，油性头发是因为内分泌失调导致头皮出

油，即使经常洗头也无法减轻油腻，解决这个问题最好的办法是养成良好的生活习惯。比如，尽量少抽烟喝酒、少熬夜。这款洗发液是新产品，在慢慢改善自己生活习惯的同时，使用效果最明显。"

顾客听后点点头，接着又问："那脸部皮肤爱出油要怎么护理呢？有没有适合男士使用的化妆品？"

蒋蓉笑了笑，说当然有。接着，她给顾客推荐了几款合适的产品，顾客开心地接受了。顾客离开的时候，还说蒋蓉是个优秀的销售员，以后还会来找她买东西。

营销学中有这样一句话："要想钓到鱼，就要知道鱼在想什么。"

真正聪明的销售员会以顾客为中心，想顾客之所想，急顾客之所急，用真诚的服务态度打动顾客，最后让顾客主动买下产品。

很多销售员说起专业知识头头是道，一旦与顾客面对面交流就变得不知所措了。如果你不知道顾客的需求是什么，就不知道如何推销产品，更别提打动顾客让他们购买了。

其实，想要成为一名优秀的销售员并不难，只要认真努力，在提高沟通水平的情况下多实践、多思考，就一定能成功！

一、准确地介绍产品

顾客的消费行为可分为冲动性消费和目的性消费两种。其中，目的性消费的顾客大多对产品不太熟悉，这时，销售员就要用自己的专业知识去说服顾客，让顾客知道产品有什么优点，购买它有什么好处。

具体来说，销售员一定要很专业地介绍好产品，让顾客因为你的介绍而心动，进而下决心去购买。

在这一过程中，只要做到自信并认真解答顾客的问题，销售就会成功。

二、把握住顾客的关注点

医学上有对症下药的说法，同理，在销售中，销售员只有通过与顾客交谈，了解顾客的需求，解答顾客的疑惑，从而有针对性地推荐产品才能让顾客买下产品。

三、要客观理性地与顾客交流

假如面对的顾客是比较注重思考问题的人，你就要用客观理性的态度回答顾客的问题。

例如，当顾客说到别家同类产品的行情时，你就不能单方面地评价好还是不好。相反，你要巧妙地回答，客观地说一些它被大众认可的地方，既不去赞成顾客的话，也不去否定顾客的话，这样才会让顾客觉得你说话客观公正，没有强迫他购买产品的意思。

四、保持积极的服务态度

作为销售员必须要明白，服务态度会影响顾客的购买决定。因此，在销售产品的过程中，要保持积极的服务态度，哪怕你介绍了半天，最后顾客依然没有购买你的产品，你也不能表现出厌烦情绪。你要做的不是抱怨，而是进一步努力提高自己的销售水平。

五、要给顾客思考的时间

销售员在推销的时候要循序渐进，不能急于求成，尤其是在产品昂贵的情况下，要给顾客留时间去思考，千万不要代替顾客做决定，说"我觉得你不用犹豫了，直接去付钱吧"之类的话。这会让顾客觉得你是在为了业绩催促他购买，从而引起他的反感，白费了之前所做的一切努力。

在实际生活中，销售员只有掌握了一定的沟通知识，才能与顾客愉快地聊天，最终实现自己的销售目的。

但是，要记住，知识是死的，人是活的，所有的沟通知识都是由实践总结而来的，只要在销售中养成爱学习、爱思考的习惯，时间久了，你也能琢磨出一套属于自己的销售心得，最终让你百战百胜，成为销售精英。

这么说，让你的沟通无懈可击

在与他人沟通中，很多人都有过这样的经历：对方当众问你一些尖酸刻薄的问题，这时，你回答不慎就会落入对方的语言陷阱。如果拒绝回答，对方又会揪着你不放。

面对这种情况，你要如何处理？

接下来就教你几个高招，不管面对什么问题，你都能回答得无懈可击。

周末，小邓跟同事聚会喝酒很晚才回家，他对妻子说："老婆，我有点饿了，给我做一份蛋炒饭。"

妻子闻到老公满嘴的酒味，心里很不高兴，就没好气地说："你又不是没长手，自己去炒吧。"

小邓不高兴地说："你是我老婆，帮我炒个饭怎么了，不爱干你就回娘家待着去吧！"

妻子听后，跑进卧室半天没有出来。小邓只好去卧室看妻子在干什么，结果他看见妻子在床上放了一块毛毯，就奇怪地问她怎么还不收拾东西。

妻子哭着对小邓说："老公，请你躺在毛毯上吧，我要带走属于我的东西。"小邓被妻子的幽默逗笑了，他温柔地抱起妻子，夫妻俩又恢复了往日的说笑。

故事中的妻子很聪明，她没有赌气跟丈夫争吵，而是用一句幽默的话就回答了老公的问题，把夫妻间的矛盾巧妙地化解了。

回答问题是一门艺术，巧妙地回答对方，不但能化解矛盾，还能让对方喜欢跟你交流。这里介绍几个方法给大家：

一、补充说明法

简单地说，就是你先给对方一个答复，接着再给这个答复加一个补充说明，让他知道你的真实意思，从而达到委婉回答问题的目的。

补充说明法可以用来拒绝别人。例如，有个男士要追求你，当他向你征求意见，你不方便回答时可以这样说："能，不过等母猪能爬上树的时候咱们再说吧。"

看看，这委婉的拒绝就明显地表达了"不行"！

二、反问法

当你发现他人的问题，不管怎么答都是错或者你自己也没有答案时，你可以采用反问法，就是把问题抛给对方。比如，你可以这样回答："那你是怎么想的呢？"

如果对方回答了，你可以说："既然你都替我回答了，我还回答什么呢？"对方自然就不会再问你了。如果对方不回答，那你反问后用眼神看着他，直到他回答或转移注意力为止。

三、沉默法

很多时候，你会遇到一些无聊的人，他们总爱问你一些鸡毛蒜皮或者是完全不值得回答的问题。

你回答得越多，他们越得意，之后会不厌其烦地抛出更多的问题。这时候，你要选择保持沉默，拒绝回答他的问题。时间久了，他见你不再搭理自己，他自然就会觉得自己的问题很无聊，不再纠缠你。

说到底，我们回答他人的问题，本质上是为了促进沟通，在沟通过程中表达自己的观点和对事物的看法，从而与他人互换消息，共同获利。

如果你发现自己的回答脱离了沟通的目的时，要尽早拒绝回答，调整思路，把对方的注意力转回到最初的沟通上来，而不是花时间做无谓的口舌之争。

你一定要掌握的批评技巧

在职场中，员工犯错被领导批评再正常不过。批评能让员工知道自己哪儿存在不足，哪儿还需要提高，进而改正，取得进步。

但批评也是一门艺术，有的话让人听了会虚心接受并改正错误；而有些话即使说得有道理，但让人听着觉得心里不舒服就不愿意接受。比如，领导批评你时说话太过直接，伤害了你的自尊心，哪怕他说的是事实，你听着也会觉得厌烦，更不会真的知错就改。

因此，在批评他人时，一定要注意沟通的技巧，这样对方不仅不会埋怨你，还会虚心接受你的批评，改正自己的缺点，最终实现沟通的目的。

任柯是一家上市公司的总经理，同时也是一位沟通高手，公司的每个员工都很喜欢他。有一次，他吩咐女秘书针对一款新产品整理出一份市场调查报告，再写一份策划方案。结果，女秘书交给他的策划方案没有任何新意，一看就是没好好准备，临时拼凑的。

于是，任柯把女秘书叫进办公室，看了她一眼，说："今天你打扮得非常漂亮，很显气质。"

女秘书听到夸赞后，受宠若惊，脸上立即露出了笑容。这时，任柯突然话锋一转，接着说："不过，我希望你写的策划方案也能像你本人一样漂亮迷人。"

女秘书一下子明白了任柯的意思，知道总经理是在委婉地批评她策划方案没写好，需要再认真修改。她立即主动收回了策划方案，并保证一定尽快交上一份满意的方案。

故事中的任柯没有直接指出女秘书的错误，他先夸赞了女秘书，营造出轻松的气氛，接着再委婉地指出她的错误，让她愉快地接受了自己的批评。

没有人喜欢批评，虽然批评别人是为了别人好。但许多时候，只要你一说他人的不好之处，就容易让对方觉得你在针对他，挑他的毛病。

如果批评的话太过刺耳，甚至还会造成不可收拾的局面。所以，在批评他人之前，我们要采取既不伤害对方，又能让对方听得进去的方法。

曹哲是一个很会说话的人，包括批评别人的话，他都能说得让人心服口服。

一开口
就让人喜欢你

　　有一次，曹哲和好友吴瑞约好周末去看电影《胖子行动队》。电影是晚上 9 点场，他们约好晚上 8 点 30 分在电影院门口见，曹哲再三提醒吴瑞一定要准时到。

　　曹哲晚上 8 点左右就在电影院门口等着吴瑞，结果到了晚上 8 点 30 分的时候，吴瑞没有准时来到约定地点。

　　曹哲给吴瑞打了多个电话，电话里总是听到"您好，您拨打的电话正在通话中"这样的语音提示。曹哲心想，可能吴瑞有急事要处理，再耐心等他一会儿好了。

　　这一等，便等到了晚上 9 点 30 分，吴瑞才姗姗而来。曹哲看了看他，不悦地问道："我从晚上 8 点等你到现在，你怎么这么久才到？"

　　吴瑞一脸无所谓的样子说道："刚才有点忙，电影还看吗？要不看下一场？"

　　曹哲顿时觉得很生气，这部电影是他期待了很久的，下一场放映的不是这部电影，如果要看，只有等到明天了。曹哲想了想，只好说下次再看。就这样，他们把看电影改成了去咖啡厅喝咖啡。

　　在喝咖啡的时候，曹哲跟吴瑞说了这样的话："你知道吗？约会迟到是很不礼貌的行为，今天你让我等了这么久，我也没有独自去看电影，这虽然是一件小事，但如果你不改正这个不准时赴约的行为，以后会给你造成不良的影响。"

210

吴瑞辩解道："我迟到是有原因的，我打车来的路上一直堵车，我不是有意要迟到的。"

"即使真的堵车，你都要及时告诉我，让我知道你能不能来赴约，以及什么时候可以赴约。你只有告诉我了，我才知道该怎么安排时间，而不是什么也不知道，一直苦等。"

听曹哲这么说，吴瑞明白了曹哲是在批评自己。他愧疚地对曹哲说道："我知道错了，我为今天迟到的事向你道歉。"

就这样，曹哲批评了吴瑞，而吴瑞也接受了他的批评。

聪明的曹哲没有直接批评好友，而是用就事论事，动之以情、晓之以理的方式说出吴瑞的不对，让他知道要准时赴约的道理。如果曹哲不顾吴瑞的感受，见到吴瑞便痛骂指责，那么想要批评吴瑞的目的就达不到，还有可能引起吴瑞的反感。

事实上，在批评他人的时候，我们可以借用幽默的方法，既保全他人的面子，又能让他人知道自己的不足之处。

批评他人，最重要的是要注意把问题说清楚，让他人明白自己错在哪里。有时候，幽默的话太过委婉，有些人也无法完全听懂。

这时候，我们不妨试试别的方法。

所谓有效批评，就是把问题说清楚，让犯错者知道自己错在哪里。那么，如何说对方才肯听你的话呢？

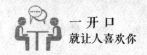
一、先扬后抑

每个人都希望被人欣赏，因此，在批评他人时，可以先赞扬再批评，这样做更容易获得对方的认同。例如这样说："我觉得你的策划书立意不错，只是可行性还有待加强。"

二、针对不同的对象，采取不同的方法

由于每个人的性格不同，心里能承受的压力也不一样，因此，在批评他人时，要采取不同的方法。例如，有的人自尊心很强，批评的话说得过重就会引起他的反感；有的人活泼开朗，批评的话要灵活表达；有的人性格内向，批评时要循循善诱。

三、要给对方提出有方向的意见

批评他人后，还要让对方知道自己错在哪里，以后该怎么回避类似的问题。当你给对方提出可行的、有方向性的意见时，对方会觉得你的批评能够帮助到他，他也愿意真心地去做出改变。

四、不要只顾自己的情绪去发泄

当别人犯了错时，心里本来就已经很难受了，所以你批评他时要控制住自己的情绪，做到只对事不对人，切不可把对方当成发泄负面情绪的工具。

总之，要记住：批评别人是为了让对方改正缺点。

掌握以上几种说话技巧，就能让对方心甘情愿地接受你的批评，从而达到理想的沟通效果。